红色广东丛书

秘密大营救与
护送民主文化人士北上

闫骥爽　张雪峰　编著

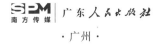广东人民出版社
·广州·

图书在版编目（CIP）数据

秘密大营救与护送民主文化人士北上 / 闫骥爽，张雪峰编著. —广州：广东人民出版社，2021.6（2022.6重印）

（红色广东丛书）

ISBN 978-7-218-14775-8

Ⅰ.①秘⋯　Ⅱ.①闫⋯　②张⋯　Ⅲ.①抗日战争—历史事件—广东　Ⅳ.①K265.05

中国版本图书馆CIP数据核字（2020）第256858号

MIMI DAYINGJIU YU HUSONG MINZHU WENHUA RENSHI BEISHANG

秘密大营救与护送民主文化人士北上

闫骥爽　张雪峰　编著　　　　　　　　　版权所有　翻印必究

出　版　人：肖风华

出版统筹：钟永宁
责任编辑：曾玉寒
装帧设计：河马设计　李卓琪
责任技编：吴彦斌　周星奎

出版发行：广东人民出版社
地　　址：广州市越秀区大沙头四马路 10 号（邮政编码：510102）
电　　话：（020）85716809（总编室）
传　　真：（020）85716872
网　　址：http://www.gdpph.com
印　　刷：广东鹏腾宇文化创新有限公司
开　　本：787mm×1092mm　1/16
印　　张：9　字　数：120 千
版　　次：2021 年 6 月第 1 版
印　　次：2022 年 6 月第 2 次印刷
定　　价：28.00 元

如发现印装质量问题，影响阅读，请与出版社（020-85716849）联系调换。
售书热线：（020）85716833

总　序

　　百年征程波澜壮阔，百年大党风华正茂。习近平总书记在党史学习教育动员大会上指出："我们党的一百年，是矢志践行初心使命的一百年，是筚路蓝缕奠基立业的一百年，是创造辉煌开辟未来的一百年。"翻开风云激荡的百年党史，一代又一代中国共产党人，用鲜血和生命浸染了党旗国旗的鲜亮红色，书写了可歌可泣的历史篇章，铸就了彪炳史册的丰功伟绩。一百年来，党的红色薪火代代相传，革命精神历久弥坚，红色基因已深深根植于共产党人的血脉之中，成为我们党坚守初心、永葆本色的生命密码。

　　广东是一片红色的热土，不仅是近代民主革命的策源地，也是国内最早传播马克思主义、最早成立共产党早期组织的省份之一。在新民主主义革命的漫长历程中，广东党组织在中共中央的领导下，发动、组织和领导广东人民开展了一系列广泛而深远的革命斗争。1921年，广东党组织成立后，积极开展工人运动、青年运动，并点燃农民运动星火。第一、二、三次全国劳动大会连续在广州召开，全国工人运动的领导机关——中华全国总工会在广州诞生。中国社会主义青年团第一次全国代表大会在广州召开，促进了全国团组织的建立、发展。在"农民运动大王"彭湃领导下，农潮突起海陆丰影响全国。

1923年，中共中央机关一度迁至广州，中国共产党第三次全国代表大会在广州召开，推动形成了第一次国共合作，建立了国民革命联合战线，掀起了大革命的洪流。随后，在共产党人的建议下，黄埔军校在广州创办，周恩来等共产党人为军校的政治工作和政治教育作出了重要贡献，中国共产党也从黄埔军校开始探索从事军事活动。在共产党人的提议下，农民运动讲习所在广州开办，先后由彭湃、阮啸仙、毛泽东等共产党人主持，红色火种迅速播撒全国。1925年，广州和香港爆发省港大罢工，声援五卅运动，成为大革命高潮时期一个十分引人注目的重要斗争。1926年，在统一广东革命根据地后，国民革命军在广州誓师北伐，以共产党员为骨干的北伐先锋叶挺独立团所向披靡，铸就了铁军威名。在北伐战争胜利推进的同时，广东共产党组织和党领导的革命队伍迅速扩大和发展，全省工农群众运动也随之进入高潮。

1927年"四一二"反革命政变以后，广东共产党组织在全国较早打响反抗国民党反动派血腥屠杀的枪声，广州起义与南昌起义、秋收起义一起，成为中国共产党独立领导中国革命、创建人民军队的伟大开端。随后，广东党组织积极探索推进工农武装割据，在海陆丰建立第一个县级苏维埃政权，并率先开展土地革命，开启了中国共产党领导人民进行的最重大的社会变革。与此同时，广东中央苏区逐步创建和发展起来，为中国革命的发展作出了不可磨灭的贡献。1931年，连接上海中共中央机关与中央苏区的中央红色交通线开辟，交通线主干道穿越汕头、大埔，成功转移了一大批党的重要领导，传送了重要文件和物资，成为土地革命战争时期党的红色血脉。1934年，中央红军开始了举世瞩目的长征，广东是中央红军从中央苏区腹地实施战略转移后进入的第一个省份，中央红军在粤北转战21天，打开了继续前进的通道，成功走向最后的胜利。留守红军在赣粤边、闽粤边和琼崖地区进行了艰苦卓绝的游击战争，高举红旗永不倒。

抗战全面爆发后，中共中央和中共中央长江局、南方局十分重视和加强对广东党组织的领导，选派了张文彬等大批干部到广东工作。日军侵入广东以后，广东党组织奋起领导广东人民开展敌后抗日游击战争，成立了东江纵队、琼崖纵队、珠江纵队、广东人民抗日解放军、南路人民抗日解放军和韩江纵队等抗日武装，转战南粤辽阔大地，战斗足迹遍及70多个县市。华南敌后战场成为全国三大敌后抗日战场之一，党领导的广东人民抗日武装被誉为华南抗战的中流砥柱。香港沦陷以后，在中共中央的领导和周恩来等人的精心策划安排下，广东党组织冲破日军控制封锁，成功开展文化名人秘密大营救，将800多名被困香港的文化名人、爱国民主人士及家眷、国际友人等平安护送到大后方，书写了抗战史上的光辉一页。

解放战争时期，在中共中央的领导下，华南地区大力开展武装斗争，开辟出以广东为中心的七大块游击根据地，成立了中国人民解放军琼崖纵队、粤赣湘边纵队、闽粤赣边纵队、桂滇黔边纵队、粤中纵队、粤桂边纵队和粤桂湘边纵队等人民武装，其中仅广东武装部队就达到8万多人，相继解放了广东大部分农村，在全省1/3地区建立起人民政权，为广东和华南的解放创造了有利条件。在广东党组织的配合下，人民解放军南下大军发起解放广东之役，胜利的旗帜很快插遍祖国南疆。

革命烽火路，红星照南粤。广东见证了中国共产党从新生到大革命、土地革命，再到抗日战争、解放战争等革命斗争全过程。其间，毛泽东、周恩来、刘少奇、朱德、邓小平、叶剑英、彭德怀、刘伯承、贺龙、陈毅、聂荣臻、徐向前、李富春、粟裕、陈赓等老一辈革命家和李大钊、蔡和森、瞿秋白、陈延年、彭湃、叶挺、杨殷、邓发、张太雷、苏兆征、杨匏安、罗登贤、邓中夏、恽代英、萧楚女、阮啸仙、张文彬、左权、刘志丹、赵尚志等一大批革命先烈都在广东战斗过，千千万万广东优秀儿女也在革命斗争中抛头颅、洒热血，留下了光照千秋的革命历史和革命精神。广东这片红色热土，老区苏区遍布全省，大大小小的革命遗址分布各地，留下了宝贵而丰厚的红色文化历史遗产。

习近平总书记强调，中国革命历史是最好的营养剂。重温这部伟大历史能够受到党的初心使命、性质宗旨、理想信念的生动教育，必须铭记光辉历史、传承红色基因。我们有责任把党领导广东人民进行革命斗争的光辉历史和伟大功绩研究深、挖掘透、展示好，全面呈现广东红色文化历史，更好地以史铸魂、教育后人，让全省人民在缅怀英烈、铭记历史中汲取砥砺奋进的强大力量，让人们深刻认识红色政权来之不易，新中国来之不易，中国特色社会主义来之不易，确保红色江山的旗帜永远高高飘扬。

为充分挖掘广东红色文化资源的丰富内涵，我们组织省内党史、党校、社科、高校等专家学者，集智聚力分批次编写《红色广东丛书》。丛书按照点面结合、时空结合、雅俗结合原则，分为总论、人物、事件、地区、教育五个版块。总论版块图书，主要综述中国共产党在广东的革命斗争历史概况，人物版块图书主要讴歌广东红色人物，事件版块图书主要论说党领导广东人民开展革命斗争的历史事件，地区版块图书从地市和历史专题角度梳理广东地域红色文化，教育版块图书着力打造面向青少年及党员的红色主题教材。丛书以相关的文物、文献、档案、史料为依据，对近些年来广东红色文化资源研究成果做了一次全面系统梳理，我们希望这套丛书能为党史学习教育、革命传统教育、爱国主义教育提供重要内容支撑。

一切向前走，都不能忘记走过的路，走得再远、走到再光辉的未来，也不能忘记走过的过去，不能忘记为什么出发。站在"两个一百年"的历史交汇点上，我们要更加坚定自觉地学史明理、学史增信、学史崇德、学史力行，赓续红色血脉，传承红色基因，以一往无前的奋斗姿态、风雨无阻的精神状态，推动广东在全面建设社会主义现代化国家新征程中走在全国前列、创造新的辉煌。

《红色广东丛书》编委会

2021年6月

目录
CONTENTS

■ 导言

■ 太平洋战争爆发，日军攻占香港

（一）香港沦陷，数百名爱国民主文化人士身陷虎穴 ·6

（二）延安—重庆—香港，密电部署营救计划 ·17

（三）营救指挥部与日军某"前进指挥部"撞到一栋楼内

·28

■ 逃离虎穴，开辟秘密交通线

（一）第一批被营救者，也是营救交通线的开辟者 ·38

（二）秘密寻找，撤离香港的集结号 ·45

（三）东线水路：水尽粮空渡海丰 ·57

（四）西线水路：伶仃洋里走蛟龙 ·62

（五）陆路救援：翻过大帽山，涉过深圳河 ·78

三 历经艰险，不辱使命

（一）群英会聚白石龙 · 92

（二）夫妻"开店"与"白皮红心"的商行 · 102

（三）营救国际友人 · 114

四 护送民主人士和文化人士北上解放区

（一）1948年的"五一"号召 · 124

（二）分四批从香港北上 · 126

（三）百川归大海 · 132

主要参考文献 · 134

导 言

1941年底，太平洋战争爆发，香港被日军占领，滞留在香港的抗日爱国民主人士、文化界人士及其家属800余人，在日军严密封锁和日夜搜捕中突然"人间蒸发"。数月后，他们陆续安然在抗战大后方或根据地出现，使日军大为震惊。

这支被称为"文化游击队"的撤退队伍，在中共地下党组织的帮助下，分水、陆两路，由东、中、西三线撤离香港，其中中线陆路：香港—九龙—大帽山—深圳河—白石龙—坪山—惠州—老隆（龙川）—韶关，然后转道至桂林、重庆或苏北等地；东线水路：香港—大鹏湾—惠阳或海陆丰根据地；西线水路：香港—长洲岛—澳门—中山—台山—江门，再转往内地。这些人中，有著名的社会活动家、文学家、艺术家、科学家，大都是国之瑰宝。他们或是共产党人，或是左翼人士，或是民主人士，或是国民党爱国人士，只要是爱国的、支持抗战的，都在营救之列。

这次大营救穿越敌伪多道封锁线，历时近200天，跋山涉水，行程万余里（1里=500米），遍及10余省市，共营救出抗日爱国民主人士和文化界人士及其家属800余人，无一失误。此外，被营救的还有一批国民党军政官员及其家属，以及日军集中营的英、印、荷、比等国官兵和国际友人百余人。茅盾称之为"抗战以来最伟大的抢救工作"。

1948年，随着解放战争的迅速发展，中共中央在五一劳动节前发出了召开新政治协商会议的号召，立即得到各方面的热烈响应，大批民主人士陆续进入解放区，准备参加新政协会议。从1948年8月到1949年3月，中央再次部署从香港秘密接送民主党派代表人物和著名进步爱国人士北上参加新政协筹备会议，他们分批次平安到达东北和华北解放区。

1949年10月1日，开国大典上，中华人民共和国中央人民政府成立，宋庆龄、张澜、李济深当选为中央人民政府副主席，黄炎培、郭沫若出任政务院副总理，15位民主人士出任部长，19位民主人士出任中央人民政府委员。

两次大营救被转移出来的著名文化界人士和爱国民主人士有：何香凝、茅盾、邹韬奋、夏衍、司徒慧敏、王莹、刘清扬、柳亚子、沈志远、张友渔、韩幽桐、章伯钧、范长江、恽逸群、彭泽民、胡绳、于毅夫、张铁生、张明养、羊枣、千家驹、戈宝权、胡仲持、黎澍、吴全衡、吴在东、沙千里、华嘉、梁若尘、赵树泰、李枫、叶方、戴英浪、叶籁士、黄药眠、高士其、骆宾基、廖沫沙、金仲华、杨刚、徐伯昕、胡耐秋、胡风、周钢鸣、萨空了、叶以群、袁水拍、端木蕻良、蔡楚生、凤子、于伶、蓝马、丁聪、叶浅予、沙蒙、金山、章泯、宋之的、胡蝶、许幸之、盛家伦、郁风、特伟、谢和赓、胡考、成庆生、俞颂华、梁漱溟、邓文田、邓文钊、陈汝棠、李伯球等。

两次规模宏大的营救工作均由中共中央部署，周恩来亲自指挥。它们的成功，是中国共产党创造的历史奇迹，表明党中央对民主人士和知识分子的关怀，坚定了他们对中国共产党的信任与信心，争取了他们中的大部分在新中国成立后留在内地，并在文艺界、学术界等担任重要职务，从而使新中国文学艺术迅速繁荣起来。

在中华民族走向伟大复兴的今天，再忆起那段党与知识分子血肉相连、肝胆相照的往事，更能让我们理解中国共产党坚持文化自信的底蕴和精髓。

太平洋战争爆发，
日军攻占香港

（一）香港沦陷，数百名爱国民主文化人士身陷虎穴

1941年12月8日凌晨，隆隆的飞机马达声、凄厉的空袭警报声、激烈的枪炮声、剧烈的爆炸声惊醒了香港这颗东方明珠的酣梦。

这天凌晨，日军偷袭美国海军基地珍珠港，正式向英美宣战，太平洋战争爆发。为配合突袭珍珠港，日军同时向中途岛、新加坡、马尼拉、香港等地的美英军事基地进军。

1931年，日本发动九一八事变侵占中国东北；1937年卢沟桥事变，中国开始全面抗战；1939年，德军闪击波兰，第二次世界大战爆发，继而横扫欧洲，进攻非洲；1941年，德军进攻苏联，苏德战争爆发。列强为了争当霸主，重新瓜分世界，你争我夺，把战火燃遍全世界。

纳粹德国闪击战屡屡得手大大地刺激了正陷入中日战争泥潭的日本。1940年10月，日本首相东条英机公然宣称："日美谈判如不能得到妥协，那么日本就要实践三国同盟的

义务。"这句话的实质就是威胁，如果英美不答应日本解决中国问题的方案，日本就要采取极端行动。

在日本施加的压力下，英美会妥协吗？

在香港九龙弥敦道山林道口"雄鸡饭店"，夏衍、乔冠华的租房里，夏衍、乔冠华、杨刚、胡绳、于伶等人还在就日本的战略动向进行激烈的争论。

难道日本真的要孤注一掷和英美开战了？

1941年12月初，已是地下党员的青年才子乔冠华在《大众生活》上发表《谈日美谈判》的评论，认为日本已陷在中国战场不能自拔，如果美日谈判破裂，日本对英美宣战，那样岂不是自取灭亡？

夏衍不同意乔冠华观点，他认为东条英机的演讲等于最后通牒，英美列强无论如何不会接受，这实质上是逼着双方摊牌，最后不得不兵戎相见。

胡绳认为，日本已开动战争机器，它就已无法停下来了，战争狂人必将以狂妄的形式走向灭亡。

正当大家面面相觑之时，门外响起"咚咚咚、咚咚咚"急促的敲门声。坐在门口的乔冠华连忙起身开门，闯进来的是大家都熟悉的老朋友——波兰人爱泼斯坦。

"战争！"不等大家开口，爱泼斯坦气喘吁吁地说，

1941年，日军占领香港

"日本人打来了。"爱泼斯坦曾担任美国合众社记者，是一个消息灵通的人，他带来了战争的确切消息，日本已正式向英美宣战。

日军在香港外围及惠州、东莞、宝安地区集结的第23军38师团为主力，以及第二遣华舰队航空兵、第23军飞行队，在军司令官酒井隆中将、师团长佐野忠义中将、第二遣华舰队司令官新见政一中将和参谋长安场保雄少将的指挥下，先是向香港进行猛轰乱炸，接着装备精良的步兵、炮兵、骑兵、装甲兵等各兵种协同，兵分两路，沿着青山道和广九铁路南段向"新界"和九龙半岛推进。

香港启德机场是日军轰炸的重点，30余架日军飞机轮番盘旋俯冲，丢下一串串重磅炸弹在机场炸裂，一时间炮火的滚滚浓烟直冲云霄。驻机场英军来不及拉响警报，5架战斗机、8架民航机，连同机场守备队、高炮部队、弹药库、汽油库和附近海面的小型舰艇便在一片火海中灰飞烟灭。

震耳欲聋的爆炸声惊醒了住在九龙启德机场附近的著名电影导演司徒慧敏。他从床上弹起，伸出脑袋，向窗外张望："该不会是军事演习吧？"

当司徒慧敏看到天空中贴着大红"膏药"（日本国旗）的日军战机穿梭飞行，俯冲轰炸的景象时，不禁惊叫起来："不好了，不好了，是日军的轰炸机！"

"昨天晚上新闻不是还在播放日本特使来栖在华盛顿与美国国务卿进行'和平'谈判吗，怎么突然就打起来了呢？"这让司徒慧敏百思不得其解。

原来日本在突袭美海军基地珍珠港之前，为了隐蔽其作战意图，在战略欺骗和战役佯动方面做足了功夫，一直到战争爆发前一刻，都在和美国谈判。

日本军国主义在其侵略扩张的步伐中，一直充满着赌徒心态。1894年甲午海战，日本军界"以国运相赌"，博得战争胜利，迫使清政府签订《马关条约》，割得大片中国领土，并获得约2.3亿两白银的巨额赔款；1904年，日本与沙皇俄国在中国东北打了一场，虎口夺食，抢占辽东半岛，将势力扩展至整个东北；第一次世界大战期间，日军出兵青岛，一战结束趁机攫取德国在山东的权益，并得到太平洋加罗林、马绍尔、马里亚纳3个群岛的委任统治权。日本在东亚的屡屡得手，大大刺激了其赌徒心理，侵略扩张的野心急剧膨胀。

中日全面开战以来，按照"兄弟阋于墙外御其侮"的古训，国共两党摒弃前嫌联手抗战，迫使曾扬言"三个月拿下中国"的日本深陷中国战场难以自拔，不得不另寻出路。第二次世界大战爆发后，德国、意大利横扫欧洲的胜利，再一次刺激了日本的赌徒心态。

日军的这次冒险行动是北上进攻苏联、呼应德意，还是南下宣战英美、称霸亚洲，日军参谋本部为此争执不休，最后鉴于张鼓峰事件和诺门罕战役的惨痛教训，决定依靠建设"大东亚共荣圈"而确立"世界和平"之方针，加快向南扩张的步伐，并视形势的变化而解决北方问题。

南下方针既定，日本派海军大将山本五十六指挥日本联合舰队全速向夏威夷群岛秘密进发，舰队由6艘航空母舰、2艘高速战列舰、2艘重巡洋舰、9艘驱逐舰、1艘轻巡洋舰和2艘潜艇组成。此战，日本孤注一掷。为了掩饰其南进的企图，达成战争的突然性，迷惑英、美等国，日本一面将关东军由11个师团增至20个师团，造成进攻苏联的假象；另一面与美国谈判，保证"决不侵犯英美在南洋的利益"，谈判一直进行到开战前一天。

英、美等国虽然对日本南进企图有所觉察，但对战争的估计严重不足，他们认为凭日本的实力，还不敢与英、美等老牌帝国立即翻脸，期望在谈判桌上讨价还价，遏制日军，推迟甚至避免战争。而日军声东击西，其煞费苦心的表演，迷惑了西方政客，自然也迷惑了向往和平的司徒慧敏。

司徒慧敏，原名司徒柱，广东开平人。1925年加入共青团。1927年由周文雍介绍加入中国共产党，同年12月参加广州起义。起义失败后，司徒慧敏赴日本，先后在东京上野美术学校图案科、日本大学电影研究班学习，从此便和电影拍摄结下不解之缘。1930年回国后，他积极参加中国共产党领导的左翼戏剧运动，并先后和夏衍、蔡楚生等合作拍摄了《自由神》《血溅宝山城》《白云故乡》等，宣传抗日救国。

1937年7月7日，卢沟桥事变爆发，中日全面开战。香港由于特殊的地理位置，俨然是一片"世外桃源"。9月，司徒慧敏和电影界的朋友蔡楚生、谭友六等从上海来香港躲避战争。

此时，国内大批难民蜂拥而至，大批军火和物资在这里转运，香港成了远东最繁忙、最重要的港口，人口从抗战前的100万人激增至160万人。

据史学家考证，香港一带古时属东莞管辖，东莞盛产沉香，即莞香，其中有一种叫"女儿香"的产品，被誉为"海南珍奇"。香港得名，因其乃运香、贩香之港。明清之际，无数莞香运至香港，再由海商贸易贩运至东南亚乃至世界各地，久而久之，人们便把这小港湾称为"香港"。

随着新航线的开辟，西方新兴资本主义国家对东方香料、丝绸、瓷器、茶叶需求的激增，香港自然被推上风口浪尖。葡萄牙、日本、荷兰等殖民主义者先后入侵这里，均被击退。有"日不落帝国"之称的英国崛起后，对中国虎视眈眈，多次在中国华南地区探测、测绘地形，香港渐渐成为他们关注的重点。

1842年，中国在鸦片战争中战败，清政府被迫与英国签订丧权辱国的《南京条约》，同意将香港岛割让给英国。随后英国又通过一系列不平等条约，强占了九龙半岛和"新界"。从此，香港即成为这一地区的总称，成为一块由英国统治的特殊的中国领土、英国侵华的桥头堡。

中日战争爆发后，英国政府宣布在中日之间保持中立，香港成了一块远离战争的"世外桃源"，这一特殊地位造成了香港的畸形繁荣，这里不仅是中国对外交往和联络海外华侨的主渠道，而且成为国内外各种势力明争暗斗的角力场。

1937年12月，周恩来在武汉会晤英国驻华大使阿奇博尔德·克拉克·卡尔爵士，提出在香港设立八路军办事处事宜。1938年1月，八路军驻香港办事处（简称"香港八办"）正式创办。为了不妨碍港英当局的"中立"地位，"香港八办"不公开挂牌，秘密设置在皇后大道中18号，一家挂着"粤华公司"匾额的茶叶店内，以经营茶叶生意为掩护，有电台与中共中央联系。

"香港八办"由廖承志任主任，日常工作由连贯负责，曾担任八路军驻上海办事处主任的潘汉年也被调来共同筹备八路军驻香港办事处，并参与领导。在中共中央及南方局的领导下，"香港八办"在艰苦的环境中很快打开了工作局面。

1941年1月，皖南事变发生后，许多著名政治活动家、文学家、艺术家都遭到国民党顽固派的迫害，在国统区无法立足。他们在共产党的帮助下，纷纷从上海、武汉、广州、桂林、重庆、昆明等地辗转流亡孤岛香港。

夏衍是在1927年"四一二"反革命政变后，在血雨腥风中的上海毅然加入中国共产党的老党员，著名左翼作家，中国左翼作家联盟执行委员。抗战爆发后，他主编《救亡日报》，皖南事变后，他把刚从广州迁至桂林的《救亡日报》再次迁往香港。

八路军驻香港办事处负责人廖承志（前右1）和文化界知名人士茅盾（前右3）、夏衍（前右2）、司徒慧敏（后右1）、郁风（后右3）、潘汉年（后右5）等在广州

　　邹韬奋长期从事新闻出版工作，1931年九一八事变后即积极参加抗日救亡运动，1936年在上海与救国会领袖沈钧儒等一起因要求国民党停止内战、积极抗日而被捕，成为著名的"救国会七君子"之一。卢沟桥事变后他获释出狱，创办了《抗战》（后改为《全民抗战》）。皖南事变后他因反对国民党政治迫害，辞去国民参政员职务，在中共地下党组织的安排下，摆脱国民党特务的追踪，从重庆秘密辗转桂林、柳州、玉林、广州，然后乘船奔赴香港继续从事抗战宣传工作。

　　到1941年5月，从内地抵香港的文化人有夏衍、范长江、张友渔、邹韬奋、茅盾、胡绳、胡风、千家驹、廖沫沙、丁聪、张铁生、姜君辰、戈宝权、韩幽桐、张明养、于伶、黎澍、叶以群、贺绿汀等。他们都是在中共地下党组织的精心安排下，经过曲折艰难甚至险象环生的旅途，秘密到达香港。

　　一时间，香港人才济济，进步报刊如雨后春笋般诞生了：宋庆龄主办的英文半月刊《保卫中国同盟通讯》，爱泼斯坦是保卫中国同盟的执行委员；范长江为社长、胡仲持为总编辑的《华商报》；茅盾、夏衍、胡绳等为主编的《大众生活》；还有茅盾主办的《笔谈》，俞颂华主编的《光明

1941年，部分文化界人士在香港（左起：陈歌辛、瞿白音、夏衍、丁聪、何香凝、洪道、廖梦醒、欧阳予倩）

报》，郁风主办的《耕耘》，张铁生主办的《青年知识》，张明养主办的《世界知识》，马国亮主办的《大地画报》及救国会同仁主办的《救国月刊》，等等。进步社团也蔚为大观，有范长江、夏衍、黄药眠等主办的"国际新闻社"，乔冠华、胡一声、吴全衡等主办的"香港中国通讯社"，夏衍、于伶、司徒慧敏、金山等组织的"旅港剧人协会"，等等。

这些报刊、社团宣传进步、团结、抗战，使枯燥消沉的香港文化界显出少有的蓬勃生机，香港这个弹丸之地，仿佛真的就如一块筑有"战争防火墙"的"和平绿洲"。

然而，日军在香港启德机场投下的炸弹，炸碎了脆弱的"和平"，香港乃弹丸之地，无险可守，日军取之如探囊取物。

数百名爱国民主人士、文化界人士再次落难，而且这次落难比在内地更惨，在内地还有路可逃，在香港简直无路可走。爱国民主人士和文化界人士紧急疏散，各自隐匿起来，然而要靠自身逃离虎口，却是难上加难。形势已是千钧一发。

（二）延安—重庆—香港，密电部署营救计划

1941年12月8日上午，太平洋战争爆发的消息通过无线电波迅速传遍全世界，也传到中国西北黄土高原上的小城、中共中央驻地——延安。中共中央有关负责同志立即召开紧急会议，商讨应对策略。

在充分分析了太平洋战争爆发、世界反法西斯面临的新形势后，中央特意安排，要尽快将滞留香港、身陷虎穴的爱国民主人士和文化界人士抢救出来，转移到内地或南洋比较安全的地方。

主持中央全面工作的中央政治局常委毛泽东强调说，这不是一般的营救工作，是一项重大政治任务，是为民族和国家抢救宝贵的财富。将来赶走日本帝国主义，建设新中国时，他们是一支不可缺少的重要力量。

会议决定由毛泽东起草一份电报，以中央书记处的名义发南方局和"香港八办"。

电报全文如下：

恩来、廖、潘、刘：

日、英、美战争后，我对英美方之政策，应当是建立与展开中共与英美政府的广泛的真诚的反日反德的统一战线，不应做不真诚与狭隘的表示，因此：

一、同意瑞典人来延安，贝特兰亦可直来延安。

二、在广东、海南、越南及南洋各地，我们可与英美合作组织游击战争，由英美供给武器，我们派人帮助组织。

三、设法在新加坡、仰光、菲律宾、印度或澳洲成立秘密的中共代表机关，与延安直通无线电，以便交换情报。此事望恩来、小廖与英方人士交涉。

四、香港文化人、党的人员、交通情报人员应向南洋及东江撤退。此事请酌办。

五、关于与英美统一战线及南洋华侨工作问题另电告。

书记处

一九四一年十二月八日

1941年12月8日深夜，在八路军驻重庆办事处办公室内，中共中央南方局常委周恩来、董必武、叶剑英、吴克坚及委员高文华、邓颖超等聚集在会议室，都在认真研读中央电报的内容。

八路军驻重庆办事处位于嘉陵江西岸红岩嘴13号。这是一栋外表看似两层，实为三层的深灰色公寓式瓦屋。因为国民党不允许中共党组织公开活动，所以中共中央南方局是秘密的，这里也是南方局领导机构的所在地。

整栋楼房为土木结构，两楼一底。底层是公开机关八路军重庆办事处，二楼是南方局机关和领导同志办公室兼卧室，三楼是南方局、办事处干部的工作间及宿舍。机要科设有秘密电台与延安及各地电台联络。

浓浓的暮色中，嘉陵江水轻拍沿岸的哗哗声，伴着深冬的寒意，从窗缝中阵阵袭来。墙上的挂钟嘀嗒嘀嗒响个不停，指针显示此刻已是9日凌晨2时，但会议室里大家没有一丝困意。

就在傍晚，中共中央南方局秘书长童小鹏给周恩来送来中央的电报。日军进攻香港的消息传来，周恩来第一反应就是困港的爱国民主人士和文化界人士怎么办？党组织情况如何？周恩来急切期盼中央精神和香港方面的信息。

鉴于问题重大，周恩来马上组织南方局开会传达中央精神，并商讨对策。周恩来宣读了中央的电报后，大家就如何落实中央精神，建立反法西斯统一战线进行了深入讨论。

董必武说，日本已对英美开战，当前我们尽可能与英国就保卫香港方面达成合作协议。虽然希望不大，但我们要尽最大努力。

重庆南方局旧址

大营救主要领导者周恩来

周恩来担心地说："我最担心的是在港文化人、民主人士和党内同志，一旦香港陷落，他们就很危险。"他边说边起身在室内踱步，问童小鹏："小鹏，香港那边有消息吗？"

"还没有。"童小鹏回答。

"再给小廖他们发电报，问问香港文化界朋友如何处置，如何退出，能否有一部分人隐蔽，能否与曾生部及海南岛联系？"周恩来又问。

"好的。"童小鹏一面答应，一面在笔记本上作记录。

叶剑英说，这种情况下撤离，要仔细研究香港、东江、海南岛和南洋各地的情况。

大家你一言我一语，最后达成共识：按照中央建立广泛统一战线的政策，认为一方面要努力争取与港英当局谈判，争取合作保卫香港，另一方面着重提出了在港文化人、民主人士和党内同志撤离香港路线，除了去广州湾（湛江市旧称）、东江外，马来亚（马来西亚前身）亦可去一些，如去琼崖与东江游击区更好，不能则留下隐蔽，也不能南去或到游击区的人员即转入内地先到桂林。

根据会议讨论的结果，由周恩来口述，童小鹏记录，连夜拟了一封电报，发"香港八办"的廖承志、潘汉年、刘少文并报中央书记处。

1941年12月9日，位于香港告罗士打大酒店的廖承志租住处，机要员潘柱正戴着耳机，坐在嘀嗒嘀嗒响的电报机旁，全神贯注地捕捉着遥远的无线电波。

太平洋战争爆发，廖承志接二连三收到中共中央和南方局书记周恩来发来的特急电报：香港文化人士交通情报人员应向南洋及东江撤退。此事请酌办。为保护我国文化界的精英，必须动员一切力量，趁日军立足未稳，情况尚不熟悉之机，以最快速度把他们从香港全部抢救出来。从电报的字里行间，廖承志仿佛看到了毛泽东、周恩来眉宇紧锁、焦虑万分的神情。

此时，廖承志的租住地实质上就是"香港八办"。香港八办原来设在名为"粤华公司"的茶叶店内，有电台与中共中央联系。负责转运海外援助八路军、新四军的物资，接应华侨青年赴内地参加抗战，介绍外国进步医生、记者等到抗日根据地工作、采访，引来日本在港特务的不满和抗议。

迫于压力，香港警察突然搜查粤华公司，拘捕"香港八办"工作人员连贯、谭乐华及中共广东省委干部陈仲华等人。后经周恩来出面交涉，廖承志作保，才得以释放。此后，中共中央南方局批示"香港八办"转入秘密状态，撤销粤华公司，采取分点办公、单线联系的方式开展工作。廖承志则住在香港告罗士打大酒店，以符合他"保卫中国同盟秘书长"的身份。

潘汉年匆匆走来。廖承志说："老潘，快坐。"

潘汉年边坐下边喘息着说："九龙是守不住了，日军丧心病狂，竟对居民区进行轰炸，九龙那边很糟糕，被炸得尸横遍野，哭爹喊娘一片凄惨……"

"南方局的电报。"廖承志打断了潘汉年，把电报递了过去。

潘汉年抗战初期曾任八路军驻上海办事处主任，后在南

日军空袭香港九龙街头

方局工作，是一名经验丰富的老地下工作者。他将南方局的来电仔细看了一遍，沉默片刻说："中央和南方局都高度重视建立抗日统一战线的问题，我们要尽力与港英当局谈判成功协防香港。"

廖承志说："文化界朋友撤离的事也要加紧准备了，好几百人，既要保证撤得出，又要保证沿途的食宿，联络点的安全等，任何一个细小的环节出了问题，都会前功尽弃。"

潘汉年点点头："抢救文化界的朋友要提前谋划，但现在兵荒马乱的，日军骄横，连无辜百姓都滥杀，如果在这个时候急于撤退，可能会造成难以预料的损失，还是先避一避日军的锐气。"

廖承志说："也好，我们先争取与港英当局谈判，抢救文化界朋友的事，等与老刘、老张商议后，再报中央和南方局，你看如何？"（老刘是指刘少文，时任中共中央南方局委员、中共中央交通处驻香港办事处处长；老张是指张文彬，曾在延安任中共中央秘书长，后被派到广东担任中共广东省委书记，时任中共中央南方局委员、南方工作委员会副书记。）

年仅36岁的刘少文也算是一位老资格的职业革命家了，在开封二中读书时投身革命斗争，后加入中国共产党，曾任中共开封二中支部书记，后被派到莫斯科中山大学学习，回国后担任过中共中央秘书处翻译科科长等。抗战爆发，他曾担任八路军驻上海办事处秘书长，不久调香港，以商人身份从事秘密情报工作，并有秘密电台与南方局保持联系。由于刘少文身份一直没有暴露，廖承志决定把香港指挥营救的工作交给他。潘汉年点头表示赞同。

然而战乱期间，要找到刘少文真如大海捞针。两天后，廖承志费了九牛二虎之力才找到他。

廖承志向刘少文传达了中共中央的指示，单刀直入地说："我和老潘要等待随时与港英当局举行谈判时机，为了联络方便无法离开香港，还暂住告罗士打大酒店，想请您去找文彬、梁广、林平等人，传达中央指示精神，并着重研究部署文人界朋友撤离香港，制订计划，明确分工。"（梁广时任中共粤南省委书记；尹林平时任中共东江特委书记、广东人民抗日游击队政治委员。）

刘少文说："文彬和梁广等人都在九龙开会，我马上去九龙找他们。保证完成任务。"

1941年12月13日，在位于香港九龙的中共粤南省委一个秘密联络站内，刘少文、张文彬、梁广、杨康华、饶彰风、李少石正在开会。（杨康华时任中共香港市委书记，受粤南省委领导；饶彰风时任中共粤北省委统战部部长；李少石时任中共中央南方局派来香港做情报工作的情报员。）

这次会议的集中真不是一件容易的事。原来在太平洋战争爆发前，广东地下党组织就发现日军频频调动，在香港附近集结重兵，大家发现时局日趋复杂，便齐聚九龙准备开会，没想到战争突然爆发了，只好分头隐蔽。

刘少文从港岛赶到九龙，连一个人影都找不到。直到13日，日军全部占领九龙，集中全力开始进攻香港，局势略有平静，刘少文才找到张文彬。最后一个接一个把人都找了出来。

会议刚刚开始，就见尹林平走了进来。大家惊讶不已：是什么风把你吹来了，我们正愁怎么才能与你尽快联系呢，莫不是你能掐会算？

尹林平

尹林平看到这么多人，兴奋地说道："哈哈哈，是小鬼子通知我的。"

看到大家满脸疑惑，尹林平解释说："这一段时间，我们发现日军增兵香港，便和鸿钧（东江游击队军事指挥）、曾生（东江游击队第三大队大队长）、作尧（东江游击队第五大队大队长）商议，判断日军可能会对香港采取军事行动，所以就派我来香港向南方工委和省委领导汇报工作、听取指示，没想到刚到这边，日军就打进来，只好躲了起来，今天听枪炮声远了，来这里碰碰运气，没想你们正开'神仙会'。"

大家哈哈大笑，重新落座。刘少文传达了中共中央和南方局的指示，转达了廖承志的意见。中共粤南省委书记梁广首先发言："要把几百文化人从炮火中撤出香港，后面还要经过沦陷区和国统区，兵匪强盗横行，实在不是一件容易的事，广东党组织和游击队必须高度协调，要先把整个指挥系统和各环节负责人确定下来，搞清任务，做好对接，以防出现失误和纰漏。"

尹林平说："日军全力向香港推进，打下来的地方，留守的兵力很少，我们已经派几支短枪队，跟在日军后面，分别从陆上和海上挺进九龙，填补日军留下的真空，开展城市游击战。但之前没有考虑如何抢救文化人这一情况，现在我就与曾生、作尧联系，让他们派一批大胆精干、熟悉社情民情的交通员，跟随短枪队行动，配合做好接应。"

最后大家商定：刘少文那里有电台，方便联络，对文化人又熟悉，由他负责香港全盘工作；香港方面由梁广和刘少文负责联系；九龙到东江游击区的护送和接待由尹林平负责；撤离香港后的接应、护送，由游击区游击队负责；沦陷区由粤南省委负责，国统区由粤北省委负责。廖承志、连贯、乔冠华迅速经东江游击区到惠州、老隆、韶关等，开辟国统区地下交通线，布置沿途秘密联络点。

（三）营救指挥部与日军某"前进指挥部"撞到一栋楼内

太平洋战争爆发以来，鉴于告罗士打大酒店过于暴露，为了安全起见，廖承志想搬一下住所，但想到要与港英当局谈判，换住处联系不便，于是暂时在现住所继续住了下来。

1941年12月13日上午，廖承志接到英国记者贝特兰（澳大利亚籍，曾于1937年访问延安，受毛泽东接见）送来的消息，说港英当局想和中国共产党在香港的负责人会晤，讨论协同保卫香港的问题，时间地点定在14日上午香港大酒店。

时间虽然有点紧迫，一时也联系不上刘少文、尹林平等人，但机会难得，廖承志思索片刻还是一口答应了。14日上午，双方如期在香港大酒店举行会谈。但此后廖承志再无收到港英方面的消息，协防香港无疾而终。

战端一开，香港城区血肉横飞，尸横枕藉，160万香港市民身陷日军铁蹄屠刀之下。在日军凌厉的攻势下，驻港英军寡不敌众，节节败退，香港的陷落已进入倒计时。

此刻，廖承志意识到，与港英政府的谈判已无希望，必须马上实施撤退计划。恰在此时，廖承志又收到中共中央南方局发来的电报。

廖、潘、刘并书记处：

（一）太平洋战争爆发，香港已成死港。香港接朋友如有可能，请先至澳门转广州湾，或先赴广州湾然后集中桂林。

（二）请即刻派熊子民往桂林告梅龚彬、胡西民，并转在柳州左洪涛，以便招待你们。

（三）政治活动人物可留桂林，文化界可先到桂林。《新华日报》出去的人（如戈宝权、张企程等）可来重庆。戏剧界朋友可要夏衍组织一旅行剧团专赴西南各地，暂不来重庆。

（四）极少数的朋友也可去马来亚，但这要看港的交通条件，恐不可能。上海、马尼拉已不可能。

（五）少数部分能留者尽量留，但必须合秘密条件，宁缺毋滥，必须估计到日军占领香港后能存在。上海必为日全部占领，饮冰能存在否，请考虑。

（六）汉年部分，想已有妥当安置。

（七）港中存款全部提出，一切疏散及帮助朋友的费用均由你们分别负责开支，并经过你们三人会议决定动用。存款共多少望告。

（八）承志如欲与港英政府见面，并得令与他们一同撤退，可留港到最后再走。海南岛事应该与他们立即确定如港英政府派军护送人物及军火至海南岛，则可送一批人去，并进行破坏日机场及仓库交通线。

（九）孙、廖两夫人及柳亚子、邹韬奋、梁漱溟等，望派人帮助她（他）们离港。

周恩来

电报从大处着眼、小处入手，对抢救工作高屋建瓴作出指示。廖承志从电报的字里行间读到了周恩来的殷殷嘱托和期盼，也读到了中国共产党对爱国民主人士和文化界人士的生死与共、肝胆相照的深情厚谊。

廖承志读着电报，仿佛看到周恩来炯炯有神的双眼注视着他，他感到自己肩头沉甸甸的，但对抢救工作充满了信心和力量。

日军的炮声日渐逼近，廖承志在告罗士打大酒店一楼大厅紧急分批会见部分在港文化人和民主人士。简单地告知香港沦陷后应注意的事项，行动前几个可能的联络点，要求大家服从组织统一安排，保守秘密，并发给必要的经费。

由于来的人多且杂，其中也有一些与中共联系不深、廖承志不太了解的人。廖承志态度严肃且忠实地说：大家都是中国人，我们会想一切办法帮助大家渡过难关，但非常时期，环境险恶，随时都有意想不到的事情发生，如何处理，只能靠自己抉择把握了。

1941年12月25日黄昏，经过18天的激战，1.5万驻港英军（包括印军、加拿大兵团）弹尽粮绝，全线崩溃，港督杨慕琦在港督府扯起白旗，正式宣布无条件投降。

香港沦陷，人人相顾失色。日军任命矶谷廉介中将为香港最高指挥官，即香港"总督"。为了强化对香港的统治，日军在全港推行"强化治安运动"。

此时，大部分文化界人士和民主人士只能在香港暂时隐蔽下来。司徒慧敏等把香港中央电影院的地下室作为临时避难所，廖沫沙、胡仲持夫妇搬到中环坚尼地道的一座集体宿舍内，蔡楚生和妻子陈曼云躲到跑马地黄泥酒的防空洞。夏衍、于伶、邹韬奋、胡绳等大部分文化人士和民主人士则分散居住在铜锣湾贫民区内，还有人住到米铺里，一些女同志甚至去做了女工。

茅盾夫妇和8个朋友隐蔽在一家已停业的歌舞厅里。在《脱险杂记》中，茅盾记下了这段难忘的经历："那间大厅原是我们包了下来的，可是后来跳舞厅的老板娘的客人带一个舞女也挤了进来。红男绿女，整天闹哄哄，非常有趣，如果不是机关枪架在路口，我们还舍不得离开呢！"

为了将这批中国第一流的抗日民主文化人士"一网打尽"，日伪军战前就在香港潜伏情报人员，掌握爱国民主文化人士的行踪。日军占领香港后，立即以"强化治安"为名，封锁海面，在交通路口设立岗哨，严盘过往行人，夜晚实行宵禁，贴出布告限令"抗日分子"前往"大日本军报道部"或"地方行政部"报到，否则"格杀勿论"，并在全市分区、分段挨门逐户大肆搜捕。

日军特务机关"大东亚共荣事务所"在报上登出启事："邀请"邹韬奋、茅盾先生参加"大东亚共荣圈"的建设。日本文化特务在电影院打出幻灯，点名请梅兰芳、蔡楚生、司徒慧敏、田汉、郭沫若5人到半岛酒店（香港沦陷初期日军司令部所在地）"会晤"。郭沫若、田汉当时并不在香港，可见日军的情报并不准确，但显然其已伸出黑手企图诱捕。

形势万分危急，必须趁日军立足未稳，迅速秘密撤离香

1941年12月25日，时任港督杨慕琦在九龙半岛酒店向日军投降

港。可这些抗日爱国民主文化人士大都不是广东人，不会讲粤语，到香港时间短，社会关系单一，加之又是社会名人，很容易暴露身份，他们只好暂时躲在寓所不敢出门，或不停更换住处以逃避缉捕。

告罗士打大酒店是香港当时最高的地标性建筑，既然香港沦陷，与港英政府谈判协防香港便无任何意义，廖承志决定立即搬家。他和连贯、乔冠华等人清理和销毁有关机要文件，撤到停泊在铜锣湾避风塘内的一条大船上，一面躲避日军搜捕，一面指挥文化人士和民主人士离港的大撤退。

连贯命令潘柱另找一个隐蔽的地点，作为"香港八办"的战时联络地和办公地。出生于香港的潘柱当时只有22岁，是个"香港通"。他很快在铜锣湾附近的湾仔洛克道找到一栋二层楼房，房东把整个二楼租出，楼下留作自用。房子墙壁是水泥的，很厚实，楼房傍山，有利于紧急时撤离，后门阶下还有一间半地下的仓库，可作临时防空洞，实在是一个理想的地点。

房东陈五太是安南米商陈老板的五姨太。日本人来了，她每晚吓得夜不能寐，连做噩梦，正要锁门找个偏僻的地方暂住，潘柱找上门来。陈五太一听潘柱要租房子，连声拒绝，说自己都要搬走了，还怎么租房子？潘柱问她准备搬到哪里？陈五太无奈地说，自己刚从安南来，还没有找好房子。潘柱说，"新界"西贡圩日本兵少，农村也安静，我可以帮忙联络。陈五太看潘柱诚恳的样子，就答应了。

潘柱说，你这房子我先租三个月，说完掏出100港币给陈五太。

陈五太也很讲义气，爽快地说："你想住多久就住多久，有个人看家反而好，账以后再结吧。"

潘柱硬把钱塞给她："感谢你的信任，定金一定要给的。"

当天下午，潘柱带陈五太到西贡圩旁边江水短枪队驻扎的村里，帮她租了房子，并介绍她与江水见面。陈五太感激不尽。潘柱也很满意，兵荒马乱，能找到一栋宽敞方便且比较隐蔽安全的房子作为交通联络点也不容易。

为了安全起见，潘柱称连贯为"舅舅"，称"香港八办"另一工作人员张淑芬为"表姐"，张淑芬把她四五岁的孩子也带来了，并请了个保姆。"一家人"以避难为由聚在一起，迅速开展营救工作。

一天傍晚，一伙日本兵突然冲进屋内，连贯、潘柱见状大惊失色，以为走漏了风声，日军前来搜捕。但日军并没往楼上冲，其中一个腰挎指挥刀的头目趾高气扬地在房子前后匆匆看了一遍，然后站在屋里指手画脚叽里呱啦一通，旁边一个汉奸翻译说："皇军要在这里建立指挥部，你们通通搬到楼上去！"

不由分说，大家都被赶到楼上，床铺却一张不让搬。接着，日本兵又吆喝大家下楼搬沙包，在门口堆掩体。连贯和潘柱是仅有的两个壮劳力，被迫去搬沙包。他们趁机观察一下情况，看到日本人在屋外贴了一张字条："香港攻略之夕，止住此地。"下面还有"前进指挥部"的落款。

真是冤家路窄，"香港八办"竟然与日军"前进指挥部"撞在同一栋楼内。晚上，几个人躺在地板上难以成眠。外面枪炮声、马达的轰鸣声彻夜不息，这里因为有"前进指挥部"的字条，倒也清静。楼下的日军指挥官无论如何也不会想到，在搜捕与营救抗日爱国民主人士和文化界人士的争夺战中，对手的指挥部就与他们共处一室。

次日一早，日军"前进指挥部"也向中区开拔，颇有戏剧意味的两个指挥部相遇的滑稽戏也结束了。而这栋房子由于日本兵住过，门口还有个字条，那些地痞流氓、宪兵特务一般也不敢轻易上门找麻烦。

逃离虎穴，开辟秘密
交通线

（一）第一批被营救者，也是营救交通线的开辟者

尹林平接受任务后，匆忙从香港赶到九龙布置建立秘密接待站，疏通向游击区撤退的路线，以及解决沿线的食宿、供应等问题。

让人意想不到的是，英军竟然如此不堪一击，不过十几天，便举旗投降。日军占领香港后，严密封锁海陆交通线，开始在全城进行大搜捕。香港、九龙两地虽然隔海相望，但此时却真正是咫尺天涯，不仅民主文化人士被困香港，连负责这次大营救的组织者廖承志、连贯、张文彬、乔冠华等人也被困香港。他们熟悉留港民主文化人士的情况，又有电台与中共中央和南方局联系，如果不把他们先抢救出来，整个营救计划将无从着手。

尹林平焦急万分，他找到港九地下交通员李健行，令其务必在三天内打通九龙至香港的交通线，把廖承志、连贯、乔冠华等接到九龙。并交给李健行一封密信，告诉其去香港找联系人的地址、暗号及返回九龙时同他碰头的地点。

第二天一早，李健行沿九龙深水埗海堤，寻找渡海的船只。海边的码头布满了日军的哨兵，海面上往常的客船、货船都已销声匿迹，只有日军横冲直撞的巡逻快艇。直到中午，才在红码头遇见一只由黑社会把持、正在上客准备偷渡到香港的小木船，李健行趁乱混进乘客中登上小船。

不料小船开出不远，便遇上日军的巡逻快艇，日军一边大喝，一边鸣枪，子弹不断从船旁飞过，大家伏在船舱中不敢抬头。

快艇很快追了上来，日军对船上每个人都进行盘问并搜身，李健行连忙偷偷将密信吞入腹中。日军将小船拖到一处礁石边，把乘客全部赶上礁石，然后拖着小船扬长而去。愤怒中，大家对着远去的"膏药旗"（日本国旗）直吐口水却又无可奈何。

眼看天色已晚，潮水不停上涨，没多久便将礁石全部淹没，再一会便漫上脚脖，茫茫大海渐渐沉入暮色，巨浪一个个涌来，李健行不禁悲从中来，壮志未酬身先死，自己死不足惜，但没有完成任务，愧对组织。

海潮不停地上涨，大家的裤子很快被泡湿，海风挟着海浪越来越猛烈地扑来，大家或拉或抱，绝望地等着死神降临的那一刻。

"船，快看，船！"真是老天有眼，命不该绝，竟有一艘小船向这边移动。

船主答应帮忙救人，但索价很高，大家顾不得多想，搜尽所有口袋勉强凑足船钱，船主才一摇一晃地把他们送到香港。

李健行大难不死，上岸后无暇顾及饥寒，他按照尹林平的叮嘱，径直奔向铜锣湾避风塘一艘大驳船上找到廖承志、连贯、乔冠华等人。

日军的快艇在铜锣湾来回巡逻，随时都可能前来搜查，几人商定马上租一艘专船，翌日早晨租船由李健行护送，偷渡到九龙。

出发前的那天晚上，廖承志找到潘柱，将他拉到身边动情地说："小潘，这几年，你一直在我身边工作，现在香港沦陷了，没想到港英政府如此无用，竟然很快投降，谈判已没有了意义，香港办事处的使命也就结束了，我和老潘、连贯都将撤离香港。现在办事处还有一项重大任务没有完成，就是要把困港的文化人都营救出去。"

潘柱立即站起来，坚定地说："您下命令吧，我一定完成组织交办的任务！"

廖承志赞赏地看着潘柱，示意潘柱坐下，接着说："你是本地人，经过几年的锻炼，有斗争经验，组织决定把你留下来。还有市委的黄施民和摩托车工会的理事长陈文汉，他们都是本地人，做你的助手。整个香港的营救工作由刘少文和梁广负责，你多向他们请示报告。"

潘柱点头："我怎么联系上少文和梁广？"

"这两天，你哪儿也别去，就在房子里等着，他们会来找你。"廖承志边说边掏出一封信交给潘柱说，"上面是重点抢救对象名单，你要牢记这些人。到时候，你把这封信交给刘少文，关系几百精英的生命安全，出不得半点差错。"

潘柱接过信放在自己内衣口袋里："我明白，它比我的生命还重要，我就是拼了性命，也不会让它落到敌人手中。"

廖承志站起身，拍拍潘柱的肩膀，动情地说："这是一件艰巨、危险的工作，凡事想得周密些，多动脑筋，既要完成好任务，又要保护好自己，不到万不得已，不要轻言拼命，我们后会有期。"

习惯了廖承志平时布置任务时三言两语的作风，如今却是语重心长的长谈，潘柱掂量出其中的分量，要告别平日朝夕相处的首长，潘柱想庄重地表个态，却始终没能说出口，只是"嗯"了一声，强忍住泪水，使劲地点了点头。

第二天清晨，廖承志、连贯、乔冠华化装成"香港富商"，在"管家"李健行的带领下，乘坐专船出发了。一路风平浪静，很幸运也没有碰上日军的巡逻艇，中午前便到达九龙红磡码头。上岸时却碰上一点小麻烦，一帮地痞上来索要"买路钱"，为了避免节外生枝，李健行爽快地掏出几十元港币，几个人得以顺利过关。

按照尹林平告诉的地址，李健行带着廖承志、连贯和乔冠华一行穿街过巷，来到旺角上海街一楼房内。早已等候在那里的尹林平看到他们，高兴得差点喊出声，悬了几天的心终于放下来："承志同志，总算把你们盼来了。"

"林平同志，我们也是度日如年啊，早就盼望着早点和你会合了。"不等尹林平答话，廖承志直奔主题，"怎么样，部队过来了没有，交通线建立起来了吗？"

尹林平说："几支短枪小分队随日军已进入九龙，都是精心挑选的老游击队员，经验丰富，已经打通了交通线。"

"接待站呢？"廖承志接着问。

站在一旁负责陆上接待站工作的何鼎华说："从九龙往东、西两条陆路通道，沿途都有接待站，每个站点都有武工队员暗中保护。"

尹林平补充说："我们还建了一条海上通道，自西贡游击区过海到大亚湾的鲨鱼涌，有几艘'大眼鸡'（一种深海作业的渔船）和一支护航队。但这条路日军快艇经常巡逻，不能多走，只能护送一些不宜公开露面或不能长途跋涉的特殊人物。像你们几位，身份特殊，走陆路太危险，就安排走这条路。"

连贯听了不由得伸出大拇指赞叹道："东江游击队不仅是陆上猛虎，还是海上蛟龙啊！"

次日清晨，廖承志等人依然装扮成富商的样子，在李健行的带领下，到达启德机场附近，闯过敌人两道封锁线，与黄冠芳、刘黑仔的港九短枪队会合，到达西贡岐岭下港，当夜在港九护航队的护送下渡过大鹏湾，到达惠阳游击区。张文彬也随后赶到。

几天后，廖承志等人从惠阳游击区出发，进入惠州城，在东江酒楼会见中共惠阳县委负责人卢伟如，并对联络站的接应、护送文化界人士和爱国民主人士的安全措施做出部署。廖承志还规定两条纪律：一是不准文化界人士和爱国民主人士上街公开活动；二是把他们的笔和本子等收起来集中保管，以免暴露他们的知识分子身份。此外，他们研究了在老隆、韶关、兴宁、梅州等地沿途布置安排接应撤退文化界人士和爱国民主人士的交通线、联络站。

当时，广九铁路和粤汉铁路南段均被日军控制，向大后方转移只有先从惠州走水路沿东江而上到老隆，从老隆东可去兴宁、梅州、大埔等地再转向福建、皖南、苏北，也可到韶关，然后乘火车到桂林、重庆。而这一路都是国统区，国民党顽固派已经侦知有大批文化人士和民主人士从香港进入东江游击区，在码头、车站设关卡和检查站，并派出特务到酒店、旅店加紧缉捕。如果不依靠中共地下党组织，营救工作将寸步难行。

廖承志、连贯、乔冠华三人做了分工，廖承志赴重庆向周恩来汇报工作，连贯和乔冠华负责在老隆、韶关组织转运工作。在紧急部署和周密安排下，惠州、河源、老隆、韶关、兴宁、梅州、大埔等地秘密联络站逐次建立起来，掩护从香港撤退人员的陆上秘密交通线打通了。

廖承志　　　　　连贯　　　　　乔冠华

廖承志、连贯、乔冠华、张文彬、胡一声是首批被营救者，也是这条交通线的开辟者。踏着他们的足迹，大批文化人士和民主人士从香港偷渡到九龙，沿着他们开辟的秘密交通线，转向大后方。

（二）秘密寻找，撤离香港的集结号

1942年元旦，东江游击队得到内部情报：日军为解决粮食紧缺的困难，准备近期内疏散大批难民回内地。

这可是逃脱的好时机，廖承志马上指示在香港的刘少文、梁广抓住机会，迅速开展文化人士和民主人士的抢救工作。

1月2日下午，一个身穿皮大衣的中年男子向位于香港铜锣湾附近湾仔洛克道的"香港八办"临时租住交通联络站走来。潘柱一眼认出此人就是自己望眼欲穿要等候的刘少文。

廖承志离开香港后，潘柱按他的要求，寸步不离守护交通站，专候刘少文的到来。

"刘老板，好久不见，快请里面坐坐。"潘柱急忙迎了出来。刘少文收住脚步，朗声问道："老板在家吗？"边问边警觉地回头扫视一下，发现没有"尾巴"，才往屋内走去。

"老板出去办事，让我在家等您。"潘柱边说边迅速扫了一眼外面，没发现可疑情况，掩门引刘少文上了二楼。

"这房子位置不错，既方便又安全。房东可靠吗？"刘少文边走边小声问。

"房东搬到西贡乡下了，江水同志给她找的房子。"潘柱将租房的来龙去脉讲了一遍。

刘少文高兴地说："好好，这叫各取所需，互相帮助。"接着他严肃地说："承志同志指示，日本人要向内地大批疏散难民，要抓住这个难得大好时机，抓紧开展对文化人士和民主人士的营救工作。"

潘柱马上从怀中取出廖承志的亲笔信交给刘少文："这是承志同志让我转交给你的。里面是需要营救的重点人员名单。"

刘少文接过信封拆开来，取出名单细看，沉思片刻说："我们必须马上行动，先想办法与营救对象联系上，让他们做好准备，以便随时可以出发。香港的地理情况你熟悉，一些文化人你见过，找人的事就由你来负责。黄施民和陈文汉两位同志也参加这项工作，听你调遣。你看，还有什么困难？"

潘柱坦率而坚定地说："最大的困难就是许多文化人我

不认识，而且不知道他们的地址。不过，这是咱们八办的最后一项使命，即使大海捞针，我和黄施民、陈文汉三个臭皮匠，一定能合个诸葛亮，把他们一一找到。"

刘少文信任地点点头："你先摸情况，先与这些人联络起来。一些在香港工作时间长，或在电影戏剧界工作，接触面广，容易被日伪认出来的同志，或年龄较大、身体不好、不能长途跋涉的，可通过我们掌握的大中华酒店，安排他们乘走私船离开。其他的人分批从陆路撤离。所有人，暂时在香港隐蔽起来，等候撤退的通知。"

两个人对着名单又仔细研究了一番后，刘少文才小心翼翼地将它折好，藏进大衣的内兜里："一般情况下，我到这里来找你；有紧急情况，你可以按这个暗号去找我。"

送走刘少文，潘柱琢磨着如何去找人。其实，这几天潘柱都吃不下饭、睡不着觉，刘少文的到来，更增加了他的紧迫感。毫无疑问，为了躲避特务的盯梢和日军的搜捕，被困留在香港的许多文化人士和民主人士已经分散隐蔽起来，与党组织失去了联系。如何在兵荒马乱之时，在茫茫人海之中，把他们一个个都找到，潘柱看着名单，苦苦冥思。

忽然，潘柱眼前一亮，想起两个人来：一个是在《华商报》工作的张友渔，一个是在生活书店工作的徐伯昕。如果能找到《华商报》和生活书店的人，不就可以打听到这两个人的下落了吗？找到这两个人，不就可以一连串找到其他人了吗？

潘柱马上赶到《华商报》工作人员原来住的地方，却发现已是人去楼空，一个熟人都找不着。从负责打扫院子的女清洁工那里得知，他们搬家了，搬家前提到过铜锣湾，他们是不是有可能搬到那边去了呢？

于是潘柱就来到铜锣湾附近"搜索"。如果搬家，最可能搬到哪里呢？潘柱一边琢磨一边在张友渔最可能出现的地方转悠。

潘柱不愧是经验丰富的"香港通"，经过一番搜寻，张友渔熟悉的身影终于闪进潘柱的眼帘："张编辑，我都找你两天了，总算把你找到了。"

张友渔见是潘柱，惊喜交集，赶紧请他进家中细谈。

张友渔是1941年2月到达香港的，在香港党组织领导下的《华商报》担任主笔，负责社论的撰写与审定。日军攻陷香港后，《华商报》停办，大家分头疏散转入地下，张友渔夫妇搬到铜锣湾附近一个小院里。不料，屋漏偏逢连阴雨，院子又被日军炮弹击中炸毁。虽然张友渔和夫人韩幽桐当时不在家躲过一难，但仅有几件家当也在炮火中化为灰烬，两人一贫如洗，狼狈不堪，只得在一家商店楼上另外租了一间房子。

谁知没住几天，又闯来几个伪军，用刺刀顶住张友渔，气势汹汹说要搜查。张友渔是当时知名的日本问题专家，战前他曾在香港《世界知识》《大众生活》等杂志上陆续发表了《四年来的日本》《日本内阁的更迭》《我们怎样看美日谈判》等文章，对日本军国主义的侵略本质和它将继续扩大战争的趋势有过精辟的分析。张友渔见伪军如此猖獗，气不打一处来，用日语痛骂了一阵。他的夫人韩幽桐是日本东京帝国大学法学院研究生毕业，也用日语加以申斥。几个伪军被他们的气势震住，又见他们都会说流利的日语，怕背后有大来头，不敢贸然得罪，灰溜溜地走了。

张友渔明白，几句日语打发了伪军一时，时间长了，有穿帮的危险，伪军要是再找上门来，可能就麻烦了。此地非久留之地，张友渔便出来另找住处落脚，也巧，碰上了来找他的潘柱。

在潘柱的帮助下，张友渔夫妇搬到波斯富街一个工人家的阁楼上暂时安顿下来。终于找到了组织，张友渔一颗悬着的心终于落了下来。

潘柱说："您先在这里安心住下来，等候通知，组织上准备好后，马上送您离开香港。另外，内地来的文化界朋友和民主人士，您知道哪些人的住址，马上告诉我，以便尽快找到他们，安排护送他们脱险。"

张友渔毫不犹豫地说："我也是共产党员，危急时刻，我不能先走，我和你留下来一起寻找他们。有些人的住址我记不准，但大致方向知道，有些人可能搬迁好几次了，但总有人联系得到，只要下功夫找，总能一个串一个找到的。"

文艺界人士在香港浅水湾萧红墓前（前排左起：丁聪、夏衍、白杨、沈宁、叶以群、周而复、阳翰笙）

潘柱被张友渔的精神感动了，激动地握住他的手说：
"太好了！找人的事，我们共同努力。我今天出来太久，怕
有人找，得赶紧回去了。"两人约定了下次见面的时间、地
点，匆匆而别。

与此同时，自愿留下来与潘柱一起工作的"香港八办"
女机要员张淑芬找到了生活书店的徐伯昕。徐伯昕当时还不
是共产党员，1926年21岁的他协助著名出版家邹韬奋创办
了《生活周刊》，1932年创办了生活书店，在抗日救亡运动
中，他和共产党人紧紧地站在了一起。作为被营救对象，他
和张友渔一样义不容辞留下来投入到营救工作中。

联系到组织的张友渔很是兴奋，第二天一大早，他就
迫不及待地去找胡绳，没想到女房东却告诉他："你要找那
个戴宽边眼镜的小伙子呀，他前几天已经搬走了。"再问搬
到什么地方去了，女房东只说了个大致方向，具体位置不得
而知。

张友渔顾不上劳累，马上赶往那里，经过四处奔走，
一直到傍晚时刻，终于打听到了胡绳最新的住址。他兴奋地
"咚咚咚、咚咚咚"敲门，很久，门才"吱呀"一声打开一
条缝，一个不相识的女人从门缝中警觉地问："你找谁？"

张友渔连忙说："请问，胡先生住在这里吗？"

那女人冷冷地瞟了他一眼说："我不认识什么胡先生。你找错门了。"说完，"啪"的一声把门关了。

张友渔满心狐疑地悻悻转身离开。刚走几步，忽听到楼上有一个熟悉的声音："老张，老张，你等等！"

张友渔回头一看，不禁喜出望外，呼唤他的正是胡绳。"哎呀，小胡，你这是演的哪出戏啊？"

张友渔急忙回身进屋。两人激动地紧紧握手，二十来天不见，仿佛分别了一年半载。

张友渔说："我都找了你一天了。你怎么搬到这来了？"

胡绳解释说："前面搬的那个地方，住了十来天，发现有个家伙总在周围转悠，鬼鬼祟祟的，觉得不安全。所以，趁他不在，我就匆匆搬来这里。"

张友渔讲述了他与潘柱的联系和营救计划，问："你还知道谁的住址？"

胡绳略一思索："茅盾夫妇，宋之的夫妇，还有戈宝权、叶以群和文艺通讯社的高汾，都躲在香港轩尼诗道一家停业的舞厅三层楼上。现在天快黑了，明天上午我和你一起去。"

因为日军实行宵禁，两人商议第二天再去找人。

第二天一大早，张友渔和胡绳如约来到轩尼诗道旧舞厅，可一个人也没有见着。门口值班室的老人告诉他俩，这里天天都能听到炮弹的呼啸声和爆炸声，他们担惊受怕地住了半个月，觉得这里不是安全之地，都搬走了。好像有人说要搬到德辅道中的大中华旅社。

张友渔和胡绳急忙赶往大中华旅社，一问得知戈宝权确实搬到了这里，但昨天又不知道搬到什么地方去了。两个人失望地摇摇头，商定分开走街串巷，碰碰运气。

还真是功夫不负有心人，张友渔竟在一个胡同里碰到了戈宝权。戈宝权是近视眼，戴着一副重重的眼镜。加上毫无思想准备，张友渔走上去捣了他一拳，他大吃一惊，差点跌了眼镜："哎呀，老张，你吓死我了。你怎么找到这里来了？"

进了戈宝权的住所，张友渔把刚才的经历一说，戈宝权不胜感慨："英军投降后，大中华旅社人来人往，其中不乏日军、伪军和特务，感到更不安全，所以我又搬到这贫民窟来了，我想这里应该会放心一点。"

"茅盾先生他们呢？"张友渔问。

"哦，茅盾夫妇和叶以群搬到了西环，我可以找到。至于宋之的夫妇和高汾嘛，我也搞不太清楚，还得再问问。"

戈宝权说。

按照戈宝权提供的地址，张友渔和胡绳即刻随同戈宝权来到西环。还算顺利，只问了半个来小时，他们便在一个昏暗的地下室里找到了茅盾夫妇和叶以群，一问才知道，他们已经搬了4次家。

茅盾早期做过中共中央宣传干部，后来成为著名小说家，曾任《小说月报》主编、文学研究会负责人、中国左翼作家联盟执行书记。抗战爆发后，他担任过中华全国文艺界抗敌协会理事、国民政府文化工作委员会常委。皖南事变后，他转移到香港，主编《笔谈》杂志，积极从事抗战宣传工作。

令人高兴的是，茅盾先生还提供了历史学者黎澍仓（即黎澍）的消息。原来黎澍就住在张友渔的附近，战乱之中，两人相距不远，竟互相不知。

张淑芬和徐伯昕也抓紧寻找文化人士和民主人士的下落。他们深入到香港各街各巷、各种场所寻找，结果在香港西环皇后大道的中央电影院地下室找到了电影工作者司徒慧敏等人。当司徒慧敏听到党组织的营救计划后，激动得许久说不出话来。

原来，就在前几天，司徒慧敏实在闷得慌，跑到电影院去看电影，没想到电影正式放映前，日本特务机关借用鲁迅生前好友、上海内山书店的老板内山完造的名义，打出一个幻灯："内山完造先生恭请郭沫若、田汉、梅兰芳、蔡楚生、司徒慧敏先生到香港半岛酒店会面。"

司徒慧敏曾在日本留学，他马上想到一个在香港以文化宣传为名从事特务活动的特务和久田幸助，要是被他认出来那就完了。司徒慧敏毫无心思看电影，紧张得赶快悄悄地溜回住所。

著名经济学家、救国会领导成员和《大众生活》编委千家驹回忆他被找到时的情形说，当时有汪伪的文化汉奸来到香港"慰问"，其中有一个认识他，如果被发现就麻烦了。"正在紧急关头，香港党组织派来的同志，神奇般地出现在我面前。有一天，我到小摊上买东西，一个小青年突然凑过来，在我耳边低声问：'你是不是千家驹先生？'我看他一身农民打扮，拿着一根扁担，机智的目光炯炯有神，心里猜想一定是我们的同志，就点了点头，他立即说：'走，到你家谈谈。'"

中国共产党的老朋友邹韬奋是周恩来和廖承志列为重点抢救对象的人，潘柱和张淑芬一直找了4天，才在铜锣湾灯笼街的贫民窟里找到邹韬奋。那时才知道，他已经六易其居。当潘柱将寻找经过讲给他听，并告诉他很快就要把他们送出香港时，邹韬奋真是喜出望外。他激动而又郑重地说："应付这样的局面，我毫无经验，你们告诉我怎么做我就怎么做。"

就这样，在潘柱、黄施民、陈文汉、张淑芬、张友渔、徐伯昕等人的共同努力，联系的线索逐步扩大，柳亚子、何香凝、戈宝权、叶以群、廖沫沙、夏衍、千家驹、萨空了、丁聪、特伟、凤子、蔡楚生、司徒慧敏等也一个串一个地找到了。

与此同时，在刘少文的指挥下，潘柱、黄施民、陈文汉、张淑芬、李锦荣等人开始了紧张的偷渡准备工作，包括寻找安全地方作为临时集中地，收集化装用的渔民、难民服装，用重金租用船只作为偷渡的工具，等等。中共粤南省委专门派来交通员在港九地区负责带路。

为了确保安全，潘柱还先做了一次试验，与九龙方面负责接应的何鼎华、何启明、江水、李健行等东江游击队员取得联系，一起勘察和选择了九龙红磡几处僻静地方作为偷渡登陆点，并检查了九龙几个秘密接待站的准备情况。

广东地方党组织已同东江游击队接上头，开辟了水陆交通线，正策划分期分批抢救文化人士和民主人士。这些消息在文化人士和民主人士之间不胫而走，着实让人振奋，大家感觉就像在暗夜中见到了亮光。大家推开小本的中国地图，许多手指都在上面比画，以香港为出发点，向东、向西或向北，陆路或水路，画出各种不同的路线，你一言我一语描述着自己离港的梦想。

（三）东线水路：水尽粮空渡海丰

香港罗便臣道的蔡廷锴将军旧宅，国民党左派元老何香凝和儿媳经普椿（廖承志夫人）及两个孙女暂时借住在这里。日军攻陷香港后，廖承志因要安排撤退路线，无暇照顾母亲、妻子和孩子，只得先把她们留在香港。

何香凝是1937年冬迁居香港的。八一三事变后，日军攻占上海，在上海的何香凝不愿去重庆，便和女儿廖梦醒、女婿李少石迁居香港。李少石受中共中央南方局派遣在香港做情报工作，廖梦醒则为正在香港筹建保卫中国同盟的宋庆龄担任秘书。

何香凝

　　一天，几个日本兵突然闯进宅子，要进行搜查。何香凝沉着应对，用日语斥责道："你们要干什么？"几个日本兵被何老太太威严流利的日语镇住，以为她与日本人有关系，就在四周看了看，见没什么可疑之处就走了。

　　何香凝名声太大，住在罗便臣道已不安全。危急时分，潘柱找到了他们。在潘柱的帮助下，何香凝一家人先是转移到铜锣湾避风塘的驳船上，之后转移到鸭蛋街（即永胜街）海陆丰会馆。同时转来的还有柳亚子父女。

　　将何、柳两家安顿好，潘柱发现罗便臣道蔡廷锴将军的住宅已经被荷枪实弹的日本兵把守，他不禁暗自庆幸：好险啊，要是再晚一步，何老太太祖孙4人可能就落入虎口了。

　　何香凝、柳亚子年迈体弱，不便长途跋涉，须乘船走水路护送。中共粤南省委书记梁广亲自找到地下交通员谢一超，命令他用小船将何香凝、经普椿和柳亚子父女秘密送往长洲岛，从长洲乘航船到澳门，然后再从那里转乘大船到海丰马宫。他反复叮咛："何、柳是国民党元老，在国内外都有很高声望，一定不能有任何闪失，把两位老人安全地送到大后方。"

　　长洲岛是香港西南一个美丽的小岛，共有居民2万余人。岛上有中共地下组织及其领导下的革命武装，负责人先是刘志明，刘志明暴露后由陈亮明继任。港九战争爆发后，岛上的英国人逃跑了，日军二三十人占领了小岛。由于兵源不足，驻岛日军宣布由原来的商会出面组织治安，陈亮明抓住时机，以防止外地土匪窜岛、维持岛上治安为号召，动员群众捐枪，公开组织了一支拥有200多人、七八十支枪的民众自卫队。自卫队的骨干都是中共地下党员，所以地下党实际上控制了整个小岛。

从长洲岛地下党组织传来情报，长洲至澳门的航运已停开了，何时恢复不得而知。等下去的时间越长，危险系数越大。经过反复权衡，潘柱和谢一超决定租一艘大船，将何、柳两家直接送到海丰，也避免了转船的风险和小船的颠簸。可是兵荒马乱时期，找一艘合适的大船谈何容易。潘柱和谢一超找了一天都没找到合适的船，不是船票太贵，就是船主不愿意冒险。直到第二天，在长洲岛地下党组织的帮助下，总算找到了一艘价格合适又愿意出航的船家。

谢一超马上准备好路上必需的物资和经费，到海陆丰会馆通知何、柳二老。次日凌晨3时，一行人乘小船赶到长洲岛，马上换乘那条事先等候在那里的有三条桅杆的大机帆船，转往汕尾。

虽然一路没有遇到敌人巡逻艇，还算幸运，但却遇到了另外意想不到的麻烦。当时日军要没收一切机器，船主只好把机器拆下沉入海底，机帆船变成了布帆船，只有单靠风力行驶。可偏偏天高气爽，海上没有一丝风浪，行船的速度比老人散步还慢，本来两天就能到达的路途，如今走了两天，还走不到全程的三分之一。船上的食物淡水都用完了，依然没有风的影子，在茫茫无际的大海上，时刻走在死亡的边缘，一行人急得冒火，却也无可奈何。

一行人正愁眉不展时，一艘巡逻艇出现在远处的海平面上，正朝这边驶来。是敌人、强盗，还是朋友？大家心里忐忑不安，也只能听天由命。

船越靠越近，站在船头的汉子朗声问："你们是干什么的？"

谢一超站上船头回答："打鱼的。"

"有石斑鱼吗？"

"有啊！"

"卖不卖啊？"

"只要你出得起好价钱。"

"是游击队。"谢一超兴奋地回头对大家喊。他边对来船招手，边对船家说："快，自己人，靠上去。"

3名游击队员迅速跳上船来，一名队员问明了情况，说："我们接上级通知，近期有一些同志和朋友要经过这一带海域，让我们加紧巡逻，提供保护和帮助，这几天我们多次巡逻到这里，今天正好遇到你们。"

大家悬着的心放下了，拉着游击队员有说不完的话。

游击队员听说船上是何香凝和柳亚子，都肃然起敬，当即送来烧鸡、鸡蛋和奶粉，还送来几箩筐番薯，并为船上装足淡水。

何香凝激动地对柳亚子说："看看人家共产党，再想想我们国民党，我们这些老同盟会员都感到惭愧啊！"

就这样，大船在海面上漂泊了七天七夜，于1942年1月中旬，一行人终于平安到达海丰马宫。

何香凝感怀之余，在游击队员送来奶粉的袋子上挥笔疾书，赋诗一首：

水尽粮空渡海丰，

敢将勇气抗时穷，

时穷见节吾侪责，

即死还留后世风。

海丰人民得知何香凝脱险，大张旗鼓地欢迎她。何香凝在海丰红场作抗日救亡演讲。消息传出，海丰国民党驻军保安二团副团长邓龙启急忙将何香凝请进自家公馆居住，一方面可以向上峰交代，另一方面可以控制监视何香凝的行动。国民党中央委员罗翼群专程赶来，要把何香凝接走，然后去韶关。因为韶关是战时国民党广东临时政府所在地，何香凝以那里人多太杂为由坚决不去，最后邓龙启便派人将何香凝送到韶关附近的曲江交差了事。

廖承志的夫人经普椿已怀有五六个月身孕，又带着两个女儿，不能舟车劳顿，何香凝走后，海丰地下党组织便将她们母女送到梅州兴宁一个亲戚家里，以方便照顾。

同船抵达的柳亚子父女，则由谢一超、袁复送往老隆，然后经韶关转至大后方。

何香凝、柳亚子等人的离港，拉开了大营救的序幕。

（四）西线水路：伶仃洋里走蛟龙

1942年1月8日凌晨4时30分，自从香港改用东京时间后，天亮得格外慢，天空微弱的星光无法刺透香港漆黑的深夜。

夏衍、司徒慧敏夫妇、金山、王莹、郁风、金仲华、谢和赓等人开始收拾行囊，准备早餐。走上逃亡之路后，想饱餐一顿就没有这么容易了。

他们将乘走私船从香港长洲岛出发，经伶仃洋到澳门，然后由澳门地下党和秘密联络站帮助他们经广州湾或江门、台山到桂林。

这条撤退路线是为一些年老体弱、身体不好不能长途跋涉，或电影界、戏剧界的大腕，因名气大、知名度高，走陆路很容易被认出来的人所准备的。夏衍和司徒慧敏在电影界的名气自不必说。金山和王莹是旅港剧人协会的台柱子，抗战初期从上海流亡到香港，由于他们宣传抗战，金山在香港演出时，日本特务在剧场后台把藏有炸弹的花篮送给了他。金仲华在抗战前已是著名记者和国际问题专家，他于1938年来香港主编《星岛日报》。女画家郁风在香港主编了《耕耘》杂志。他们都是很容易被日本特务认出的知名人士。

从香港经长洲岛到澳门，除去日军的盘查掠夺外，还要预防海盗的洗劫。这一带的海盗懂得出门人把纸币缝在衣服里的诀窍，会从内衣到鞋袜完全剥去，然后扔你件旧衣服遮体。为了安全起见，他们把钞票放在纱布里，用橡皮膏贴在脚心。

匆匆吃过早餐，已到了宵禁解除的时间，一行人立即上路，向位于香港上环干诺道的大中华酒店赶来。这里是他们登上偷渡船的集中地。

大中华酒店是一位爱国的美国华侨陈孔图开办的，位于香港上环干诺道，酒店共6层，前后都有门可以出入。陈孔图的弟弟陈紫秋是老地下党员，曾在江西中央苏区当地下交通员、八路军驻广州办事处工作人员、中共创办的《救亡日报》编辑。皖南事变后，从广州迁往桂林的《救亡日报》办不下去了，陈紫秋不得不和报社主编夏衍等一起，离开桂林，辗转来到香港。

到香港后的陈紫秋，在香港文艺通讯社当记者，后来在廖承志的指示下，利用哥哥的关系，当上大中华酒店的总管，以"做生意"为掩护，为中共香港地下党提供便利和必要的经费。在酒店工作的人员有很多是中共地下党员或受共产党影响的爱国者，这给秘密抢救文化人士和民主人士的工作带来极大的方便。

日军占领香港后，由于兵力不足，便利用一些俘虏为自己做事，看守大中华酒店的就是原英国警察的印度巡捕。广东人管他们叫"摩罗差"，上海人管他们叫"红头阿三"。他们以前被英国人瞧不起，现在受日本兵歧视，自然不愿意为日军效忠，能吃就吃，能捞就捞。酒店工作人员天天好酒好菜招待，把他们灌得烂醉如泥，并不时给些小费。他们也乐得睁一只眼闭一只眼，任各色"旅客"自由出入。

昏暗的路灯下，逃难的行人一下子多了起来，他们可能也早已在家中等待宵禁解除的这一刻。不管是拖儿带女的，还是背着大包小包的，每个人都行色匆匆，埋头赶路。

日军哨卡林立，难民们每过一个岗哨，都要停下来接受盘查。稍有差池，便遭受毒打、罚站，有的被剥光衣服跪在地上示众，甚至还有人当场被日军刺死，场景惨不忍睹。

国难当头，最遭殃的还是老百姓。夏衍等人看得痛心疾首，只盼国家早日强大，不再受此凌辱。但此时，为了顺利过关，大家只能忍气吞声，挑偏僻的小路，走街串巷，尽量避开日军岗哨。

夏衍等刚到大中华酒店，蔡楚生和夫人陈曼云在交通员小巢（即巢湘玲）的带领下，也赶到酒店。

夏衍、司徒慧敏等人看到蔡楚生夫妇，忙激动地上前和他们紧紧握手。他们以前曾合作《血溅宝山城》《游击进行曲》等抗日题材电影，到香港后又都是旅港剧人协会的主要成员，此番相见，虽相隔不过十几天，却有生离死别之感。

蔡楚生感激地指指身边的小巢说："多亏小巢的，要不然，我还窝在暗无天日的防空洞，惶惶不可终日呢！"

蔡楚生是在1937上海沦陷后，从上海到香港的。作为导演兼编剧的他，先后创作《孤岛天堂》《前程万里》等抗日题材电影，成为唤醒国人抗日斗争的一面旗帜。对于这个铁杆抗日文化人，日方情报人员早已将蔡楚生列入黑名单。如今香港落入日军之手，蔡楚生成了要缉捕的重点人物，自然也是党重点营救的对象。

潘柱等人找到蔡楚生夫妇时，他们正东躲西藏，和难民一起挤在阴冷潮湿的防空洞里避难。为了将蔡楚生夫妇安全从香港转移到内地，党组织找到了中共地下情报员——一位香港土生土长的姑娘巢湘玲。

巢湘玲，1921年出生，1937年中学毕业后，为中共做情报工作。接受护送蔡楚生夫妇的任务时，巢湘玲才21岁。她当即了解沿路日军岗哨的布置情况。由于蔡楚生是著名导演，日军收集了他的相片，很容易被认出来。为掩敌耳目，三人扮成一家人，化装出行。

蔡楚生扮成一个失明的老人，装作小巢的舅舅，陈曼云扮演大姐，姐妹俩早年父母去世，由舅舅抚养长大。由于舅舅双目失明，找不到工作，难以在香港生活，响应"皇军"的"回乡运动"，疏散到农村。三人相约如遇日伪盘查，统一口径这样回答，并提前进行了演练，适应角色。

为掩护蔡楚生安全地通过岗哨检查，他们夹在难民中间，看情势行事，时而一起，时而分散，或由会讲日语的大姐陈曼云走在前面应付盘查，以分散敌人对蔡楚生的注意。就这样三个人小心翼翼地通过一个又一个关卡，来到大中华酒店。

6时多，东方露出一丝微光，夏衍、蔡楚生、司徒慧敏、郑安娜、金山、王莹、郁风等10余名集中在大中华酒店的"偷渡者"，在交通员的带领下分散一个跟着一个悄悄下楼，匆匆向离酒店只有几十米的一个在西环的冷僻码头集合。

酒店对面就是日军驻扎的兵营，惊动他们可是不得了的。一行人蹑手蹑脚，每个人都紧张得听到自己怦怦的心跳声。

到了海边，见到《华商报》记者华嘉、《光明报》记者谢加因等9人，他们是隐藏在附近民居里直接到码头的。老朋友见面，本来有说不完的话，但潘柱反复强调：同事熟人都得装作像陌生人一样，不要互相打招呼，特别是过关卡的时候。大家只能互相传递一个关切的眼神，然后一个跟着一个往前走。

然而，这批逃亡者的运气不太好。大家都到了码头，原来雇好的船却没有按时赶到。这么一大群人还带着一大堆行李，聚集在一个冷僻的码头上，被日本兵发现了就麻烦了。

地下联络员赶紧把"难友们"领到一家"鱼栏"楼下临时躲避。

狭小的屋子散发着令人恶心的鱼腥味，突然挤进来21个人和三四十件行李，真是五味杂陈。但是没有一个人抱怨，逃生的欲望压倒了一切，大家在码头时紧张的心情也一下子缓和下来。认识的或不认识的，既然都是中共地下党组织聚到了一起，就都是自己人，于是大家忘了恶劣的环境，开始亲切地互相攀谈起来，仿佛不是在逃难，而是在酒馆茶肆闲聊。

大家互相告诉自己编好的假名、职业，互相调笑着化装之后的形象。夏衍化名黄坤，一身唐装，手拿一把雨伞，加上刚蓄的两撇小胡子，俨然是一个地道的商人。

蔡楚生一身蓝灰色长衫，头戴一顶灰色旧毡帽，鼻梁上架着一副旧太阳镜遮去大半个脸，扮作失明老人，走路还要其夫人陈曼云"搀扶照顾"。

再看王莹这位因主演《赛金花》而红遍全国的美女明星，用锅烟子涂黑了面庞，看模样就像一个捡煤屑的穷妇，可脚上还穿着长筒丝袜。于是有人对她不彻底的化装提出批评，说她"上半身过火、下半身不足"。

一直等到11时，另雇的过海的小船才驶过来，长不足3

丈（1丈≈3.33米），宽不足3尺（1尺≈33.33厘米），这样的小船能过伶仃洋吗？

船家向每人索要船费港币70元，若用150元的大面值港币支付，则要打七折。尽管如此，没有人对此提出疑问，没有人和船家争执，大家只想尽快离开香港，在海里遇到麻烦也好过留在这里。

大家匆忙跳上船。3名游击队员清点人数，没错，一个不少。船家一声"上帆利市"，船篙一点，小船轻轻滑向海面。

船虽然小，但海面风平浪静，没遇到什么大麻烦。麻烦还是来自日军。快到长洲岛时，日军的巡逻汽艇发现了，追了上来。"停船！停船！"3名背着步枪、手执木棍的日本兵和1名翻译不等船停稳，就持枪跳上船来。

王莹"上半身过火、下半身不足"的化装引起了一个日本兵的注意。他盯着王莹看了一会儿，用手中的木棍拨弄着她留着卷痕的头发，突然伸手在她脸上使劲一抹，黑脸上立刻露出一道白嫩的皮肤。那个日本兵得意地哈哈大笑，接着用木棍敲打着船沿，不怀好意地问："姑娘，几岁？"

空气仿佛一下子凝固了。护送的3名游击队员见此情景，都做好了战斗准备，只等为首队员的一声令下，一人对付一个日本兵，三拳两脚将他们打翻到海里，再跳到水中，淹死他们喂鱼虾。

危急关头，最不宜出面的夏衍硬着头皮用日语开口了。他谎称自己是从香港疏散到乡下的商人，王莹是自己的同乡，因为担心路上遇到麻烦，才将脸涂黑。

突然听到乡音，日本兵口气放松了，紧张的情绪也缓和下来。日本兵哪里知道，夏衍曾于1920年至1927年留学日本，并在日本开始参加革命活动，还由从广州北上路经日本九州岛门司港的孙中山，当面指示李烈钧介绍夏衍加入了中国国民党。

有惊无险，几个日本兵竟然还和夏衍闲聊了几句。经过一番"攀谈"，竟然挥手放行。

傍晚时分，船到长洲岛，地下党交通站负责人陈亮明（巢湘玲的丈夫）招待大伙吃了一顿番薯饭，晚上10时转乘事先联系好的一艘大船，向伶仃洋驶去。

闯过日军的封锁线后，大家松了一口气，都纷纷钻出船舱，来到甲板上，迎着寒冷的海风呼吸一下新鲜自由的空气，互相诉说着沦陷后的种种遭遇，更是庆幸有中共地下党的帮助才脱离魔掌。

辛苦遭逢起一经，干戈寥落四周星。

山河破碎风飘絮，身世浮沉雨打萍。

惶恐滩头说惶恐，零丁洋里叹零丁。

人生自古谁无死，留取丹心照汗青。

不知谁朗诵起文天祥的《过零丁洋》。

此时此刻，大家感同身受，国破山河在，日军的烧杀抢掠、横征暴敛，致使中国大地生灵涂炭、萧条残败，但想到文天祥对国家民族丹心长存的浩然正气，大家心情在悲壮凄然之余，又对抗战必胜充满了信心，5000年延绵不绝的中华民族不会就此走到尽头，这个伟大的民族以其坚韧的生命力，一定会浴火重生、凤凰涅槃。

1月9日凌晨，一行人经过一天一夜的颠沛流离，终于到达澳门。

澳门位于珠江出海口的西南侧，东与香港隔海相望。秦始皇一统中国时，澳门就被正式纳入中国版图，属南海郡番禺县。新航线开辟后，1553年，葡萄牙人取得在澳门的居住权，澳门渐渐受葡萄牙殖民统治。

第二次世界大战爆发后，由于葡萄牙奉行中立政策，况且葡萄牙的殖民地巴西，有大批日本侨民生活，所以日军并不敢轻易动澳门。但忌惮日军在东亚力量的扩张，澳葡当局已慑服于日军淫威，其政务、警察、邮务基本被日本操纵。

鉴于澳门情况的复杂性，廖承志和刘少文商议，决定派范长江先期前往澳门，协助澳门地下党组织开展营救工作。

范长江，四川内江人，著名记者。1927年他参加南昌起义，后进入北京大学哲学系学习。在日本军国主义觊觎中国，全面侵华即将爆发之时，范长江敏感地意识到：中日一旦开战，沿海必不可守，抗战的大后方肯定在西北、西南一带。于是，1935年5月，他以大公报社旅行记者的名义，从上海沿长江西上，行程3000余公里，对中国西北进行了历时10个月的考察，沿途写下了大量的通讯报道，并汇编成《中国的西北角》一书。此后，他接连写了《从嘉峪关说到山海关》《百灵庙战后行》《忆西蒙》等通讯，从而一举成名。

1936年12月西安事变发生后，范长江不惜一切代价，突破层层封锁，在乱军之中，顶风冒雪，抵达西安。他冲破了国民党的新闻封锁，不仅报道了西安事变的真相，还传达了中国共产党关于和平解决西安事变，建立抗日民族统一战线的主张。1937年2月，范长江到延安进行采访，为这里火热的抗日之情所感染。同年11月8日，在周恩来的直接指导下，范长江与中国文化运动的先驱胡愈之等团结全国广大进步记者，组成了中国青年记者学会（中国记者协会前身）。这一天，也成为后来的中国记者节。

在报道中国共产党的过程中，范长江清楚地看到了中国的希望在中国共产党的身上，清楚了自己作为记者的使命和任务。1939年5月，在重庆曾家岩50号"周公馆"里，由周恩来作为介绍人，范长江秘密地加入了中国共产党，并指定与周恩来、李克农单线联系。自此，范长江从一个民主主义的爱国主义者，进入了无产阶级先锋战士的行列。

在香港，范长江和邹韬奋、茅盾、夏衍等人创办《华商报》，范长江出任社长，实际主持报社的日常工作。香港沦陷后，刘少文亲自找范长江谈话，要他去澳门协助党组织做好文化人士和民主人士的抢救工作。范长江义不容辞，当即孤身一人偷渡到澳门，研究如何建立进出澳门的交通线，了解日本特务及各种政治势力的活动情况，联系澳门各界的爱国人士，为文化人士和民主人士的抢救做好准备工作。

太平洋战争爆发后，日军加大了对澳门的渗透和封锁，从澳门到内地只有两条路可以走：一条是陆路，从岐关到石岐，经沦陷区走肇庆，但要有良民证才能通行，并且一路上强盗横行；另一条是水路，从澳门乘小艇到北水，换船到台山都斛，这一路比较快捷，但海盗出没，随时有被抢的危险。

夏衍等人到达澳门后，范长江和澳门地下党组织经过反复权衡，考虑到这次撤出的人数较多，又是长途跋涉，遂决定采取水陆两路并进的方案，将他们送到大后方：夏衍、蔡楚生、司徒慧敏、王莹、郑安娜等演艺界名流及年龄较大的人走水路；另一路多为年轻人，由华嘉、谢加因等领着走陆路，这样既可以分散风险，又可以为后面文化人士和民主人士的撤退多开辟道路。

走陆路的华嘉、谢加因等9个人，属于"名正言顺"走岐关路向内地疏散的难民。他们按规定先到日本人掌管的"澳门细菌检验所"填写离澳理由申请书，贴上照片，排队到验便室接受检验，次日领取检验证和盖了印的申请书，然后再到日本人的联络机关去申请领取岐关路的通行证。每过一关都要头天晚上去抢占位置排队，就这样忍饥挨饿度过了三昼夜，还被流氓烂仔敲诈勒索，但总算全部领到了通行证。

1月18日清晨，9个"难民"各自背着包袱，由谢加因打头、华嘉殿后，开始通过岐关路的长途跋涉。临近出发，范长江亲自送行，并叮嘱路上注意事项，要求大家路上胆大心细，注意安全，到石岐、江门那边会有党组织接应。

由于有了通行证，一行人倒也顺利，只不过每过一个关卡，都要交纳价格不菲的"过路费"或"保护费"，在这些

"合法"的抢匪面前，除了破财消灾也别无他法。

到了石岐，一行人住进了出发时约定的一家旅馆。当晚，一个40岁上下、生意人打扮的本地人找上门来，自我介绍"姓刘"，说是来谈生意的。他说石岐已不如以前，生意不好做，让华嘉他们到江门去，说到江门十分方便，每晚都有船，睡一个晚上就到。到了江门可以住江门大酒店，还写了一封商行来往的介绍信。来人始终没有提出要做什么生意，华嘉等也不便多问，但心里知道，他是地下党派来接应的。

按照刘老板指定的路线，一行人乘船到江门，在江门大酒店住下。在一家大商行，华嘉、谢加因找到了刘老板介绍的黄老板，于是在黄老板的安排下，一行人在一个当地人的带领下，于次日一早出北街，经白石乡，到周郡直下棠下。终于闯过日军的封锁线，然后或坐船或步行，经肇庆到达桂林。

水路是由澳门地下党组织出高价雇船偷渡到台山的，但澳门地下党组织人员有限，不能派专人护送。出发前，范长江反复交代了注意事项：第一，防日军，偷越日军在澳门港外的警戒线和三灶岛日军海军船坞码头；第二，提防南北水地区的伪军趁火打劫；第三，防出没不定的海盗袭扰抢掠。

范长江提醒大家做好准备，遇事沉着冷静，不要慌张，一路上要见机行事，互相照应。

众人听了自然心里一阵紧张，但没有人退缩。大家都有一个坚定的信念：一定要逃离虎口，回到内地去。

1月20日下午6时多，暮色笼罩了码头，夏衍、司徒慧敏、蔡楚生等登上事先准备好的偷渡快艇，驶向茫茫大海。皎洁的月光笼罩着静谧的大海，伴随着哗哗的划水声，6支木桨划开水面，搅得海水波光粼粼，在船后留下一道跳跃着光泽的浪花。

晚上11时左右，快艇躲在一艘挂着葡萄牙国旗的货船后面，顺利偷渡过路湾的海口，日军的探照灯在海面上扫来扫去也没有发现他们。

快艇擦过日军占领的横琴海和三灶岛的北部，穿梭游弋在一个个小岛之间，又将它们一个个抛于船后。海面上静悄悄的，只听见汹涌的海浪有节奏地翻腾和哗哗的划桨声。大家紧张的心情稍稍地放松了些，小声地交谈起来。

一名女士庆幸地说："又算过了一关。"

一名船夫用半生不熟的粤语说道："还早呢，要过了南北水才算真正过关呢！"

懂台山话的司徒慧敏与船主交谈了一会儿，然后对大家说："船家说，如果顺风顺水，凌晨一两点可以到南水。"然后指着前面的一座小岛说："过了这座小岛，就过了日军的防区，没有大的危险了。"

凌晨4时，快艇到达南水，海面收窄几乎和内河一样。这里驻扎的是伪军"南支海军陆战队"的一部，快艇靠岸接受检查，折腾了两个小时，一直到天快亮了，也没查出什么违禁物品。夏衍和司徒慧敏跟着船主与驻地伪军头目"交涉"，还奉上"过路费"。伪军头目看司徒慧敏会讲台山话，像是本地人，又收了钱，最后终于放行。

下午3时，快艇进入国民党军防守的海面，两艘国民党军巡逻艇迎面开来，要求快艇接受检查。虽然大家心情没有撞见日伪那么紧张，但还是有些忐忑不安。令人意外的是，为首的那名中校听说旅客是从香港偷渡回来的，领头的叫夏衍时，不但没有什么刁难，反而态度相当客气。

一行人到都斛稍事休整，一路步行到台山、开平、肇庆，然后乘船逆西江而上到广西梧州、柳州、桂林等地，路途顺利，没有受到国民党军的任何阻拦和刁难。这让大家很是惊奇。

到了桂林，田汉陪夏衍、司徒慧敏等去拜见李济深，李济深说："你们到台山的时候，延安给我来了一封电报，说中共代表夏衍等一批爱国人士从香港回来，请沿途予以保护。现在你们安全回来了，我也就可以给延安回话了。"大家才恍然大悟，原来是中央从高层进行了疏通。

从这条路脱险的还有李少石、廖梦醒、范长江、梁漱溟、张云乔、千家驹等几十人。

（五）陆路救援：翻过大帽山，涉过深圳河

在文化人士和民主人士从水路撤离的同时，陆路营救计划也开始实施。由于水路对交通工具依赖性强，实质上大部分文化人士和民主人士是通过陆路被营救回内地的。

陆路先把文化人士和民主人士从香港岛用船接到九龙市区，再从九龙护送至宝安白石龙，经西贡交通线撤向惠阳游击区，再转往大后方。

1942年1月8日下午5时，在香港铜锣湾附近湾仔洛克道3号洋楼的临时集中点，茅盾、叶以群等换上普通老百姓常穿的便装，扮成难民的模样，混在难民中间，由交通员李锦荣带领，穿小街、越小巷，尽量避开日军岗哨和检查站。黄昏时分，总算赶在日军戒严之前，拐到铜锣湾避风塘。

铜锣湾是香港中环以东的一个海湾，平时停泊着很多大大小小的木船。战事发生后，日军封锁海面，大小船只停泊

得更多，暮色中放眼望去，黑压压一大片，差不多把整个海湾都塞满了。

李锦荣当时还不满16岁，虽然年龄不大，却已是一个老资格的经验丰富的"香港八办"的地下交通员。他机警、灵活，多次摆脱敌特跟踪，出色完成党组织交给的传送情报等任务。"香港八办"的工作人员都亲切称他为"小鬼"。

李锦荣走向岸边的一艘小艇问："艇家，有黄花鱼卖吗？"

船主答："有。"

李锦荣又问："论斤还是论条？"

船主答："你到舱下看看吧。"

暗号对上了，李锦荣带着他们，借着暮霭的掩护，穿过已剪开的铁丝网缺口，跳上小艇。

小艇立即把他们送上停泊在避风塘的一条大驳船上。大驳船上，邹韬奋、胡绳、廖沫沙等同志已从其他集中点由交通员带到这里。

战后相逢，恍如隔世，大家无不惊喜交集，各自小声交谈着战争中的自身经历。

晚上，潘柱赶到船上，检查偷渡准备情况。他向大家介绍李锦荣："这是小鬼同志，你们明天一早就跟他一起过海到九龙。”并反复交代大家路上注意事项：“大家一定要统一口径，就说是响应‘皇军’号召回家乡的，不要带钢笔、书籍，以免暴露知识分子的身份。不会讲广东话的就不要吱声，如遇盘问，由小鬼出来应付。”

大家争相激动地握住潘柱和李锦荣的手，用力摇晃，有的甚至情不自禁地欢呼：“回家了，我们要回家了。”

> 剑外忽传收蓟北，初闻涕泪满衣裳。
>
> 却看妻子愁何在，漫卷诗书喜欲狂。
>
> 白日放歌须纵酒，青春作伴好还乡。
>
> 即从巴峡穿巫峡，便下襄阳向洛阳。

茅盾情不自禁地朗诵起杜甫的《闻官军收河南河北》，并感慨地说：“现在我可真正理解杜子美的情怀和心境了，没有国，哪有家啊！”

潘柱把手指放在嘴边：“嘘！”他指指船外。大家突然意识到这里还是香港。最后潘柱交给每个人一张写有“小潘”的小纸条，作为万一失散后到指定地点联络的凭证。

第二天凌晨3时，偷渡的人按照事先编排好的次序，分别由3个交通员带领，悄悄爬上3艘竹篷小艇，趁着铜锣湾外巡逻日军换岗的机会，飞快冲向海峡。

茅盾、邹韬奋等乘坐的第一艇由李锦荣带领。当天边露出鱼肚白时，小艇到了九龙红磡码头。

大家上了岸，刚想松一口气，旁边蹿出几个手执棍棒和尖刀的大汉拦住去路："快交保护费。"

不妙，遇见强盗了。李锦荣一看对方气势汹汹，而自己这边全是文弱书生，不敢硬顶，心想好汉不吃眼前亏，还是花钱消灾，三十六计赶紧走为上。

"大爷俾条生路啦，几钱？"李锦荣用粤语问道。

为首的大汉伸出一根指头。

李锦荣故意爽快地说："好，10块！"边说边做掏钱状。

"10块？你打发叫花子呢！"那大汉恶声恶气地说。

"那大爷要几多啊？"

那大汉晃动手指说："100块！"

李锦荣心想，自己身上只有潘柱给的100块钱，都给了他们，再来一拨土匪怎么办。于是不软不硬地用白话说："喂，大佬，大家都是出来捞世界，睇开一下好唔好？"

这帮家伙一听李锦荣说一口地道的、还夹杂着黑社会语气的白话，被他瘦小身材和胆识震住了，再看身后还有一帮"大佬"一个个文质彬彬、器宇不凡，不知是何路神仙，便改口道："那好吧，今天刚开张，图个吉利，就照顾照顾你们，减半。"

李锦荣爽快地从口袋里掏出50块钱，赶忙带着"偷渡客"摆脱危险境地，穿街过巷，安全到达设在九龙旺角通菜街19号一座4层楼的2楼的联络点内。交通员李健行早已等候在那里。

第一艇上的乘客刚到，第二艇也安全到达。第三艇却没那么顺利，两个小时过去，还不见人影。大家都忐忑不安地等待着，不知发生了什么事。

"老李！"正当大家焦急等待的时候，交通员带着第三艇上的乘客走了进来。

"怎么回事，这么长时间？"李健行问。

"日本兵、海盗，没想到今天运气好，该遇上的都遇上了。"交通员简要讲述了海上的遭遇。

原来第三艇出发不到半小时，就遇见一群荷枪实弹的强盗乘一条大船迎面挡住去路。船上的土匪一边叫喊留下"买路钱"，一边想先发制人，"哗啦"拉上枪栓，"砰"地一枪射向小艇的船篷。

幸亏地下党预想到了可能会出现这种情况，在第三艇上安排了3名带有冲锋枪的游击队员，以防不测。游击队员一看对方来者不善，也毫不客气，端起冲锋枪朝对方船顶就是一梭子子弹。

"嗒嗒嗒……"冲锋枪的连发子弹把土匪吓得连滚带爬，钻进船舱掉转船头，落荒而逃。原来是一帮贪生怕死、欺软怕硬的人，他们知道自己武器不如别人，怕再来一梭子，场面就不好看了。

可能枪声引来了日本兵的注意，也可能双方对峙耽误了时间，等船赶到红磡渡口时，日军加强了巡逻和对来往人员的检查。他们端着带有刺刀的步枪，在码头分列两排，如临大敌。

为了避开日军的检查，小艇不能靠岸，只能装作是捕鱼的船只，划到码头背后一个僻静的崖壁下。虽然码头上的日军哨兵看不见这里，但要是被日军的巡逻艇发现也不得了。交通员拿出一根绳子，攀上岩壁，然后把绳子系在一棵大树上，将下面的人一个一个拉了上来。

吃完饭，李锦荣及3名游击队员匆匆返回香港铜锣湾。从此，他们往返于香港岛和九龙之间，将一批批的文化人士和民主人士从香港岛送到九龙。只是为了缩小目标，在以后的护送中，一般每船只载三四人。

中共地下党组织建立了不同的联络点，以方便文化人士和民主人士分散隐蔽，并不停变换，以确保安全。这些联络点有的是漂亮的洋房，有的是普通的住宅，有的是在饭店商场内，有的是在废弃的校舍内。

大批文化人士和民主人士的到来，让吃饭成了头等大事。日军为了解决粮食不足问题发起"回乡运动"，可以想见当时粮食的紧缺程度。所有粮店都挂出"沽清"的招牌，食品店早就被抢购一空，关门大吉者十之八九，兵荒马乱哪还有什么生意可做。

为了获得必要的粮食，地下党员想尽一切办法。他们或一大早就和市民一道到"配给站"排长龙，或在护送完文化人士和民主人士返程中冒险夹带一些。文化人士和民主人士在联络点填饱肚子，再次整理行装上路，考虑到他们很多人没有长途步行的经验，地下党还组织进步工人夹杂在同行的"难民"队伍中间，帮他们背包袱、拿行李。很多人深受感动，其中有著名的作家或艺术家，纷纷拿起笔，热情歌颂党组织的周密安排和交通员的无私奉献。

大批文化人士和民主人士从香港岛偷渡到九龙交通站后，分东西两线向东江游击区撤退。西线是短途海上交通线，先由李健行派人送他们到蒲岗圩口，再由黄冠芳部接送至西贡以北的牛池湾，转交江水部，护送至海边，最后由蔡国梁领导的广东人民抗日游击队海上护航队，护送至游击区内。从这条路线撤退的有张友渔夫妇、中国农工民主党负责人李伯球先生、商界爱国人士邓文田夫妇及兄弟邓文钊等。

东线陆路则是从九龙出发翻过大帽山，涉过深圳河，跨过宝（安）深（圳）公路，越过梅林坳，最后到达位于宝安游击区的白石龙接待点。大部分的文化人士和民主人士是从这条路线撤退的。

1月10日凌晨，在九龙经过一天的休整，茅盾、邹韬奋等人在交通员李筱峰、麦容的带领下，踏上青山道继续北行。他们要走的路线是由荃湾翻过大帽山至元朗，然后经落马洲进入宝安县白石龙东江游击队根据地。

上午10时多，一行人进入荃湾地段，在交通员的带领

日军在青山道沿途设置岗哨搜查过路行人

下，他们脱离了向西离去的人流，沿着山间小道，登上山石嶙峋的大帽山。

大帽山是从荃湾到元朗方圆百里山区中最高的一座，海拔900余米。山上云雾缭绕，丛林相间，阴森幽僻，历来是窝匪之地，其中最大的两股土匪各有人枪百条，他们打家劫舍、谋财害命，成了日伪的帮凶，也是游击队开辟交通线的严重阻碍。要是游击队自己通过，机动灵活，加上有武装，不会有太大困难，但要保证大批手无寸铁的文化人士和民主人士安全通过，并且做到万无一失，就必须采取强硬措施。

为打开大帽山，打通游击区同九龙之间因战乱而被破坏的交通线，广东人民抗日游击队领导曾鸿文、钟清、黄高扬等决定采取"迫虎离山"的措施，一面由钟清到山上与两股匪首谈判，一面向东江游击队搬来救兵，陈兵山下做出先礼后兵的姿态，要求他们让出地盘。很快这两股土匪就在大帽山销声匿迹了。

武工队完全控制了大帽山，并分段派出武装警戒。由于武工队当时是以"绿林好汉"面孔出现的，他们做的这些工作，文化人士和民主人士在当时并不十分清楚。廖沫沙在《东江历险长留念》的回忆文章中记载："爬了一阵山，在山坡下坐在平地休息，远远望见山头的路口，有两个身穿便衣却手握盒子枪的人站在那里……当我们走到那两个拿枪人的跟前，他们不但不拦路，反而客客气气地让到两旁，摆手示意，让我们不停脚步地前进……我至今还记得，在一排平房休息，又遇到持短枪的十多人也是绿林好汉，他们不但不向我们要'买路费'而且代我们一行新雇两名挑夫，而且还代我们付出挑夫的脚力费。"廖沫沙称其为"青山有价不收钱"。

南方的冬天，山林依然葱翠，矮小的岩松杂生在丰草之间，羊齿类的灌木常常打着人的面孔。沿着弯曲如长蛇的盘山路，一个人跟着另一个人向上攀爬，时而跃上能眺望百里的山坡，时而潜入杂树丛生的深谷。有了武工队的保护，安全自然不会有什么问题。但对于平常习惯以车代步的文化人士和民主人士来说，这段行程可谓是艰苦备尝了。

"现在我们的队伍极像是一群溃兵，五六十人拉满了一个山头，三三两两，走在最前面的几位已经到了山顶，便躺在草地上休息，落在最后的还在半山腰，却也要躺下休息。"茅盾的《脱险杂记》中记述了他们在脱险途中，路过大帽山的情景。

暮色苍茫，一行人到达元朗十八乡一个欧姓人家的大屋内。主人逃难了，大屋成了武工队的联络点，如今又变成了迎送文化人士和民主人士的中转站。一天下来，大家都筋疲力尽、饥肠辘辘。有人送来热饭菜，大家狼吞虎咽吃完，就躺在铺着干稻草的地上睡了。次日，交通员设法雇了3顶轿子，可大家推来推去谁也不肯坐，仍然徒步前进。

中午，大家在交通员的带领下，到达深圳河岸边。河岸上七零八落地搭着许多难民棚，这是日军占领宝深公路后，许多村民沿深圳河跑到当时还是英属的界河对岸搭建的。

交通员找来"白皮红心"的伪乡长，办好渡河手续，并由他带领渡河。深圳河正值枯水期，水不宽也不深，年龄大的乘船，一些年轻力壮的就从芦苇中涉水过河。因为有伪乡长亲自护送，对岸的日军哨兵只是清点了一下人数就放行了。

宝深公路是日军的最后一道封锁线，各路口有日军岗哨，公路上不时有巡逻车辆经过。等靠近公路了，看到周围没有日军哨兵，远处也听不到车辆的马达声，一行人迅速穿过公路，消隐在对面的丘陵之中。

在丘陵地里穿行一个多小时，终于爬上连着宝安游击区的梅林岭。山下就是游击队的司令部所在地白石龙村。一行人爬上梅林岭就像踏进家中的门槛，几天来一直悬着的心这才真正放了下来，脚下的步伐也不自觉地快了起来。

有人高声唱起《游击队之歌》："我们都是神枪手，每一颗子弹消灭一个敌人，我们都是飞行军，哪怕那山高水又深……"还有人掩饰不住激动兴奋之情，回望来路漫漫，哼起了田汉创作的《再会吧，香港》。

在这条主要陆上秘密交通线上，党的地下武工队和交通员冒着生命危险穿梭奔走于其间，护送被困香港的文化人士和民主人士一批批地从九龙跋山涉水，到达位于宝安游击区的白石龙接待点。

三 历经艰险，
不辱使命

（一）群英会聚白石龙

"客人到了！"在梅林岭上负责警戒的游击队员早已从望远镜里观察到茅盾、邹韬奋一行，向村子里发出信号。

接到信号，东江游击队军事指挥梁鸿钧、政委尹林平、政治部主任杨康华、第三大队大队长曾生、第五大队大队长王作尧等马上率领全体接待人员一同到村口迎接。

白石龙村地处宝安县阳台山区，京九铁路布吉车站西侧约10公里处，是东江游击队的前哨阵地。村东有座鸡公山，村西有座阳台山，村南横亘着梅林坳、圣人大座和唐朗山，连绵20余公里，山南就是敌占区，山坳顶有日军哨所，坳下的宝深公路沿途村镇都驻有日军，游击队与日军隔山对峙。村北穿过浓密的松林，便是国民党顽固派军队的防区，游击区范围很小。

村内有二三十户人家，村前是一片水泥铺的晒谷场，村子里好的房屋都被日军烧毁了，只剩下高墙的残垣断壁和一些破旧的平房。村子中央耸立着一座镶着十字架的西式教堂，如今已人去楼空，倒成了文化人士和民主人士的落脚点。

村边一座两层的白色小楼就是游击队的指挥部所在地，从总队长、政委到游击队员都是便装，仅从衣服上无法区分他们的职务。和老百姓唯一不同的是，他们有武器，有的腰间插一把驳壳枪，有的肩上挎一支三八式步枪或手提机枪。

仅11日中午到傍晚，先后到达白石龙的香港进步文化人士和民主人士就有100余人，有茅盾、邹韬奋、胡绳、戈宝权、廖沫沙、叶以群等四五十人，其余五六十人是香港地下党和游击队九龙联络站有意安排在路上照料他们的地下党员

坐落于白石龙村的胜利大营救纪念馆

和进步青年学生。

当晚，游击队在小白楼里"设宴"款待客人。菜上来了，热气腾腾、香气四溢。

"哇，好香啊！"戈宝权馋得直咽口水。

曾生抱歉地说："不好意思呵，条件艰苦，没有什么好菜，只弄到些'宝安香肉'。"

"什么是'宝安香肉'？"戈宝权问。

曾生与夫人阮群英

曾生说："就是狗肉，因为狗肉香味飘得很远，客人们闻到香味会不请自来，所以我们广东人把狗肉叫'香肉'，而且从来不用狗肉请客的，但特殊时期，也顾不上'狗肉上不了正席'，只能拿狗肉招待大家了。"众人听了都会心地大笑起来。

尹林平端起一碗东江米酒，起身热情洋溢地说："各位都是文人界的爱国知名人士，如今国难当头，你们从香港胜利归来，回到祖国的怀抱，我代表东江游击队的全体指战员，向你们表示热烈祝贺。来，为了远道而来的贵客，为了以后我们共同抗日，也为了中华民族最后的胜利，干杯！"

"干杯！干杯！"酒碗的撞击声，清脆悦耳。

从上午到晚上，大家都只吃了些红薯，早已饥肠辘辘。战争爆发以来，大家饱一餐饥一餐，更不要说吃肉了。也许是脱险后的兴奋，也许是饥饿，也许是以前没有品味过狗肉的鲜美，大家觉得这餐饭比山珍海味还好，吃得痛快淋漓。

席间，梁鸿钧、尹林平等先后简要介绍了东江游击队的情况及艰巨任务。曾生提醒大家："从九龙走到这里，万里长征才算是第一步，以后还要通过一些敌占区和国统区，只有到了大后方，才敢说真正脱险。我们不能有丝毫的麻痹大意和松劲的情绪。"曾生1937年于中山大学毕业，抗战爆发后他毅然投笔从戎，此时32岁的他，中等身材，一身当地农民打扮，裤管塞在袜筒子里，脚上穿着胶底运动鞋，普通话带着浓重粤味，虽然装束很土，但举手投足依然是书生意气、挥斥方遒，让前来的文化人士和民主人士为之折服。

短短的交流，游击队员给文化人士和民主人士留下了深刻的印象。长期艰苦的革命斗争，在他们身上刻下了冷静、坚决、思考周密的印记，对抗战必胜的信念又让他们充满革命的乐观主义精神。

当晚，他们有的被安排在游击队员宿舍，有的被安排在群众的家里，有的在教堂里或指挥部的办公室里。被子不够就用稻草作褥子，再抱来一些日本军毯或战士们、乡亲们拿来的被褥，条件虽然艰苦，但大家都酣然入眠，多少天来都没有做过这么安稳香甜的美梦了。

接下来的几天，以女演员凤子为首的旅港剧人协会的演员舒强、蓝馥心等人，《华商报》总编辑胡仲持，香港国际新闻社编委兼《华商报》编委张明养，《青年知识》主编张铁生，经济学家和翻译家沈志远，记者、国际新闻社香港分社负责人恽逸群，文艺理论家胡风，女记者杨刚，剧作家于伶，导演章泯，电影艺术家沙蒙，文艺评论家葛一虹，音乐家盛家伦，作家周钢鸣、刘清扬，画家许幸之、丁聪、特伟及徐伯昕、黎澍等先后到达白石龙。

这个群山环抱、原本僻静的宝安西山沟，迎来它最有历史意义的盛会。

但如此众多的文化名人会集在一个小村，也会引起日伪和国民党军的注意。为了安全起见，游击队领导决定将转移来的文化人士和民主人士全部分散安排在隐蔽山坳里临时搭起的"茅寮招待所"。

茅寮招待所是游击队员在村自卫队员的协助下，在山窝深处一条山沟旁的一片相对平整的场地上搭建起来的。他们立木柱、割芒草，突击了三天时间，搭起了6个大茅寮，可解决100人以上的住宿问题。

茅寮很简陋，有的用竹竿和竹片架起大通铺，有的干脆直接在地上铺些干稻草就变成一张张舒适宽大的"床"，有的"床"竟长达10多米。茅寮的门口挂有布当门帘，遮风挡寒。如果来了女同志，就用毯子拉上一幅屏障。虽说已是南国2月开春时节，但天气依然很冷，寒风吹得寮顶哗哗作响，文化人士和民主人士大都衣着单薄，有的冻得直打寒战，就三五个人蜷缩在一起。

宝安游击区范围狭小，粮少物缺，生活供给非常困难。一日两餐大锅饭菜和开水，都是在附近村里做好送来的。招待所伙食标准比游击队战士高一倍，但也不过是每人一天生油6钱、菜金2角，吃的仍然是十分粗糙的饭菜。部队领导号召全体指战员宁可自己勒紧裤带，也不让文化人士和民主人士挨饿，他们还派出人员冒着生命危险到100多公里外去采购粮食。

为了增加营养，文化人士、民主人士与游击队战士一起到附近的山上沟底巡游，看树上是否还有未摘净的木耳野果，或到溪中捉鱼摸虾，弄来一些野味改善生活。

中共南方工作委员会（简称"南委"）副书记张文彬给中共中央的一份电报中说："此间聚集文化男女老少共二百余人以上，行动颇为不便，而游击区地小粮缺，物价飞涨（四百多元百斤米），又无钱（维持给养已无法），港亦无法接济。"游击队还遭到日伪顽匪各方夹击，"此间正处在严重的关头"，希望中央设法送大批钱款来，以便早日疏散文化人士和民主人士。同时，张文彬还将文化人士和民主人士分批转移的时间、路线电发重庆的周恩来，并就一些具体情况进行请示。

在重庆的中共中央南方局书记周恩来，密切关注着营救香港文化界人士和爱国民主人士的进展情况。当他了解到大批文化人士和民主人士进入东江游击区时，即电示张文彬："自香港撤退的人士，大多数是统一战线的文化人，过去在渝、港均已很红了，若久住，不仅国民党特务，就是广东当局也要注意。无论如何不能停留。已去电方方同志，告其处理方法：一些去浙江，经沪到苏北；一些去桂林，一些来渝。"为了营救工作的顺利进行，南方局设法筹集了20万元经费，分别汇给东江和桂林方面。这些珍贵的电报，可以看出中共中央、南方局等对文化名人大营救的运筹帷幄及细致入微的关心。

文化人士和民主人士也很快适应了艰苦的生活，他们和战士们一样，到山涧挑水洗漱、洗衣。主动和战士一起站岗放哨，帮助炊事班淘米洗菜，清扫整理茅寮四周的环境卫生，还根据新增人数，新挖和修理了茅厕。大家开心地说，游击队真会选地方，在这里可以尽情沐浴大自然。

生活虽然简单、艰苦，但大家都心情舒畅、精神振作，每个人脸上都洋溢着希望的笑容。这些用茅寮搭起来的临时招待所被大家戏称为"文化新村"。

黄昏，山谷中升起暮霭，战士们和客人们在林间席地而坐，围成一圈。战士们出一些节目，如唱《八路军进行曲》《游击队之歌》及粤曲、客家山歌等，主要节目还是戏剧家、音乐家和演员们来表演，他们拉胡琴、吹笛子，清唱京剧、昆曲等。

大家请邹韬奋表演一个节目。他出去5分钟，再走过来时，头戴旧毡帽、身穿黑西装、打着黑领结、鼻子下留着一撮小胡子，脚下的破皮鞋横着八字步。他表演了一番卓别林式的舞蹈，大家笑得前仰后合。

东江游击队抓住难得的机会，向文化人士和民主人士学习。邹韬奋为干部训练班讲授民主政治；恽逸群讲近代历史掌故和内幕新闻；胡绳讲授哲学；沈志远讲授政治经济学；黎澍讲中国革命史；戈宝权曾留学苏联，就讲授苏联社会主义现状；盛家伦讲乐曲创作，他讲自己为阳翰笙的剧作《塞上风云》创作音乐的经过，而且一面讲一面唱，听众不禁神往，好像自己已骑马驰骋在草丰水美、牛羊成群的大草原……这些讲座使东江游击队的干部眼界大开，增长了见识。

邹韬奋

邹韬奋建议部队油印的《新百姓》报改名为《东江民报》，并亲自题写报名，还撰写了一篇社论《惠博失陷的教训》。茅盾为报纸的副刊题写"民声"。丁聪为报纸画漫画，涂夫画插图。作家、诗人为副刊写诗文。

东江游击队的勇敢乐观感染着每一个文化人士和民主人士。邹韬奋欣然为曾生题字：保卫祖国，为民先锋。

东江游击队主力人不逾千、枪不过五百，在日伪顽匪的夹击下，部队只能不断转移，有时一个地方只能停留一两天，游击区边界很不固定。有一次，哨兵气喘吁吁跑来向曾生报告，顽军2000余人从鸡公山和阳台山分东西两路夹击

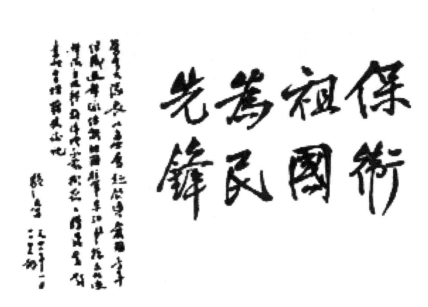

邹韬奋为曾生题字：保卫祖国，为民先锋

而来。

　　曾生急令部队集合，一边保护村民和文化人士、民主人士向村北撤退，一边指挥爆破班埋好地雷。敌人刚走到村边，便踩上地雷，轰隆隆，几名顽军应声倒下。

　　后山的游击队员听到地雷爆炸，发出会心的笑声。曾生幽默地说："人家来一趟不容易，我们得放几个'鞭炮'，略表欢迎之意呵！"除了应付国民党顽军的进攻，游击队还必须防止日伪进攻和土匪袭扰。

　　为了保证文化人士和民主人士的安全，他们在游击区稍事休息即先后分批转往惠阳、老隆、曲江等地，然后转往更安全的大后方。

部分被营救脱险的文化界人士和爱国民主人士到达东江抗日根据地

（二）夫妻"开店"与"白皮红心"的商行

1942年春节，惠州城内爆竹阵阵，在家家户户辞旧迎新之际，西湖岸边的"东湖酒楼"二楼，"老板"和"老板娘"迎来一批重要客人，茅盾、叶以群、廖沫沙、胡仲持、张友渔、韩幽桐等人围坐在熊熊的炭火前，品尝着茅盾夫人孔德沚亲手做的家乡菜——浙江风味鸡。

茅盾夫妇和叶以群、廖沫沙、胡仲持等人是最早离开宝安游击区的一批文化人。他们在茅寮招待所住了6天，然后在交通员的护送下，走淡水、茶园一线前往惠州。半路上和从大鹏湾脱险的张友渔、韩幽桐等人会合。这一路都是崎岖迂回的山路，加上田埂泥泞，因此行进速度很慢。在惠阳大队队部田心村，交通站的同志为他们准备了热水和早餐。茅盾双脚红肿，脚底起了很多血疱，游击队员细心帮他烫脚，包扎伤口。为了安全起见，队员们还不顾自己疲劳，增加岗哨。

茅盾与夫人孔德沚

日军撤出惠州后，原驻惠州的国民党第一八七师重进惠州。第一八七师比较顽固，反共活动非常猖獗，为了安全起见，中共惠州区委书记蓝造带交通员亲自到茶园迎接。

考虑到路程较远，还有的人身体虚弱，蓝造除了雇几个乡民挑行李，还雇了两个乡民临时用大木椅扎了一个轿子，让客人轮流在轿子上休息。他还借来两顶礼帽、几根文明棍，让大家化装成有派头的富商。

1942年2月14日（农历除夕），一行人吃过早餐，即离开茶园起程上路。出发前，蓝造提醒大家："现在大家一定记牢了，我们都是有钱的大款，如遇到盘问，你们就按我交代的理直气壮一口咬定，不要躲躲闪闪，一犹豫容易露马脚，也不要多说什么，由我来周旋。"

从太平洋战争爆发到现在，大家在流亡中也长了不少见识，早已有了一些经验和心得，都会心点了点头。于是20多人的"商行"队伍，蓝造在前面开路，刘茂殿后，浩浩荡荡大摇大摆朝惠州城开进。

走着走着，天上飘起细雨。蓝造赶紧跑到附近的村子里找来一些雨伞、斗笠和蓑衣，分给各位"老板"遮雨。雨越下越大，还刮起了西北风，路面全是泥泞，有好几个人都滑倒了。

到离惠州还有10多公里的三栋镇，一行人又累又饿，三栋地下党组织想办法搞了一些猪肉和地瓜粉炖了一大锅，还炒了豆腐和青菜，煮了葱花鸡蛋汤，大家又冷又饿，一个个吃得津津有味。吃完饭，茅盾等年龄稍大一些的同志提议在三栋过夜，但蓝造有些为难地说，三栋没有党组织设的联络点，在这里多待一些时间，就会多一分危险。在蓝造和张友渔的劝说下，大家只得克服困难，继续赶路。

队伍中只有张友渔和茅盾有两支手电筒，光线又不强，茅盾提出到镇上买几盏灯笼，由于店铺已经关门，也没买到。

天黑路滑，加上大家已经很疲劳，行进速度非常缓慢。刚走上一座小石桥，只听见扑通一声，接着就传来茅盾的惊呼："不好了，不好了，德沚掉进河里去了！"

用手电筒往桥下照，竟然深不见底，只听到哗哗水声，闻声赶来的人也都吓慌了。这时，桥下却传来了茅盾夫人的声音："还没有死呢！可是怎样上去呀？"

交通员连忙从前面绕到桥下，把她扶了上来。幸好冬天枯水期，她跌进近岸的水草和烂泥里，除弄了一身泥水之外，竟然没受任何损伤，这真是一个奇迹。

次日凌晨1时多，一行人才赶到惠州"东湖酒楼"。看到甚为狼狈的客人，"老板"和"老板娘"悬着的心终于放下了，忙给他们烧水洗澡。

"东湖酒楼"的"老板"是中共惠阳县委组织部部长兼武装部部长卢伟如、惠阳县委干部陈永，"老板娘"是他们的未婚妻叶景舟、叶惠英。

惠州是国统区，这里是水陆交通枢纽，通往内地的必经之地，惠州城北有大批国民党部队驻扎，日军也曾数次攻占洗劫惠州。惠州城内社情复杂，汉奸、特务活动猖獗。此时，国民党顽固派已经侦知大批知名的民主文化人士将从香港进入东江游击区，经惠州、老隆等转往内地，便加强了对码头、车站、旅店的检查，企图缉捕他们。如果不紧紧依靠中共地下党组织，是寸步难行的。为了建立向后方转移的秘密联络站，中共东江特委派卢伟如、陈永等人到惠州布置接应护送工作。

联络站设在哪里呢？两人经过仔细观察，发现国民党驻惠州第一八七师师长张光琼喜欢吃喝嫖赌，他把"东湖酒楼"三楼全包了下来供自己享乐，特务、汉奸从不敢打扰。最危险的地方也是最安全的地方，于是两人把二楼全包了下来，作为联络站。

当时两人都是未婚小伙子，为了避免引起怀疑，组织上把两人的未婚妻叶景舟、叶惠英调来当"老板娘"，以"夫妻"开店的名义进行掩护。

在廖承志和连贯的安排下，卢伟如还和爱国商人廖安祥办起一家叫"源吉行"的商行。廖安祥梅州人，连贯的同乡，是一位具有侠肝义胆的爱国商人，抗战爆发前就与连贯相识，他积极参加抗日救亡活动，"香港八办"成立后，他成为廖承志和连贯的交通员，廖承志一行从香港撤退时，就由廖安祥一路护送。

在太平洋战争前，廖安祥在香港办了一家"东利运输公

司"，并在淡水、惠州都设有办事处，在惠州商界中有一些
熟人和老股东。廖承志和连贯商议，决定出资3万元，委托
廖安祥在"东利运输公司"的基础上办一个"源吉行"，廖
安祥任总经理，卢伟如为副经理。

在中共地下党组织的帮助下，"源吉行"从香港采购汽
车轮胎、零部件、汽油等战时紧俏物资，沿途有东江游击队
帮助押送，生意做得有声有色，不但吸引了许多商家，连国
民党驻惠州要员和部队也争相同他们来往。

廖安祥和卢伟如借助做生意的机会，结交了国民党驻
惠州的师长张光琼、副师长温淑海等人，并替他们在香港买
东西，关系越拉越火热，很快成了"老朋友"，卢伟如接什
么人、送什么人，张光琼从不过问。有一次日本飞机轰炸惠
州，"源吉行"被焚，张光琼得知，还主动派兵帮助清理。

廖安祥和卢伟如还从张光琼那里套取许多有价值的情
报，甚至从他们那里搞到几百张通行证。从香港营救出来的
民主文化人士，便作为"源吉行"的客商、股东和关系人受
到接待，并因持有与"源吉行"相关的通行证而顺利通行。
"源吉行"经营赚的钱，正好就用作安排和转送文化人士和
民主人士的经费。

正月初三下午，茅盾一行乘中共地下党组织雇的一条大

船前往老隆。当时粤汉铁路不通，民主文化人士要经惠州向大后方转移，只有先走水路到老隆，再乘汽车到广东战时省会韶关，然后才能转乘火车经衡阳到桂林、重庆等大后方。而老隆和韶关这两个"中转站"，已在东江游击队活动范围之外，需要加强组织协调，才能确保民主文化人士的安全转移。

老隆是粤赣边境属广东省管辖的一个小镇。廖承志在老隆秘密会见了中共东江后方特委书记梁威林，向他传达中共中央有关营救民主文化人士的指示，并安排部署接应护送工作。随后，廖承志前往韶关，组织粤北省委的同志协助乔冠华秘密接应和转送民主文化人士。连贯、胡一声、郑展则留在老隆一带建立联络站，在中共东江后方特委同志的协助下开展工作。连贯负责惠州、老隆、兴宁、梅县一线的接待转运工作，胡一声负责老隆、兴宁、梅县转大埔、闽西南一线。

老隆的秘密联络站设在港商和侨商开办的"义孚行"和"香港汽车材料行"里。这两家商行的老板都是地下党的统一战线成员，连贯、胡一声、郑展作为香港的客商和股东住在这里。民主文化人士从惠州乘船到了老隆，由地下交通员带到这两个商行。

鉴于国民党特务缉捕越来越紧，为避免意外，大多数民主文化人士在老隆只住一两个晚上，即以"香港股东"、有关系的"华侨"或"逃难家属"的名义，安排乘车转往韶关，或经兴宁、梅县等前往大埔、闽西南，再转苏北等地。

广州沦陷后，国民党广东军政中心不得不北迁韶关，韶关成为广东战时省会。驻韶关余汉谋部第十二集团军参谋处处长赵一肩是乔冠华的老同学，乔冠华利用这一关系，借助爱国商人陈启昌在韶关开办的"侨兴行"为掩护，设立了秘密联络站，与设在这里的"香港汽车材料行韶关分行"一起担负从韶关向大后方转送民主文化人士的工作。

1942年4月下旬的一天，连贯在老隆接到了从香港逃难回来的妻儿，尽管两岁的孩子夭折了，但妻子和另外两个孩子安全归来，还是让他悲喜交集，放下了心上的一块大石头。

在秘密大营救开始之时，连贯就告诉患难之妻韩雪明说："我有重任在身，没办法照顾你们，你和三个孩子以后到老隆来找我吧。"他留下些钱，到铜锣湾避风塘的船上开会后，就离开香港开始部署大营救工作。

韩雪明拉扯三个孩子和难民一起逃难。一路长途跋涉、风餐露宿历尽艰辛，两岁的孩子得重病不幸夭折了。快到惠州时，又遭遇土匪抢劫，他们身无分文，正走投无路之际，恰遇邹韬奋等一批被护送的民主文化人士乘船前往老隆。万般无奈，韩雪明不得不向他们表明身份，恳求同往。邹韬奋等人好生奇怪，连贯是大营救的组织者，吃住行安排得如此周密细致，他的家属竟然如此落魄，实在令人难以置信。但见其确实可怜，就算是骗子，也不忍见死不救，反正船上还有地方，于是就同意他们上船。船到老隆，见到连贯，方知一切果然如此，众人无不叹服，都为共产党人的伟大情怀所感动。

科学家和儿童文学家高士其，因病行动困难，生活不能自理，在中共地下党组织的护送下，于4月间离开香港，经广州、清远到韶关，转往桂林，算是撤离较晚的著名文化人。

高士其在美国芝加哥大学做实验时，不慎病毒侵入脑中，健康受损，行动困难，甚至连吃饭穿衣都要人照料。1939年底，中共中央决定将其从环境恶劣的延安送到香港进行治疗。他的这种健康状况，人多了容易泄密，人少了又无法料理，显然不能跟其他民主文化人士一起撤离。经过反复权衡，直到香港与广州之间通航后，党组织才决定派黄秋耘护送他乘船撤离。

黄秋耘在香港出生，会说粤语和英语，18岁便加入中国共产党。抗战初期，他在张铁生主办的《青年知识》杂志当编辑，并为"香港八办"做军事情报工作。香港沦陷后，24岁的他投入到大营救工作中。在接受了护送高士其脱险的任务后，黄秋耘周密安排，他称高士其为"舅舅"，高士其不会讲广东话，黄秋耘让他假装哑巴。为了路上照顾行动不便的"舅舅"，黄秋耘还物色了十几个准备离开香港去粤北上学的青年学生同行。

一行人在码头上排队，准备登上从香港开往广州的客轮，这时一个日本军官带着翻译官，开始挨个检查排队上船的乘客。日本军官来到高士其面前，看他身体瘦弱、胡子拉碴，几乎站立不住，厉声问道："你是干什么的？"扶着高士其的黄秋耘连忙用粤语回答："这是我舅，他病了很久了，耳聋口哑，不会说话，这是送他去广州治病的。"日本军官一听是个病人，忙掏出手帕捂住鼻嘴，生怕被传染，赶紧就走开了。

船到广州后，黄秋耘和高士其去住旅店却遇到了麻烦，不管大小旅店见到高士其的模样，均不敢接收，因为怕万一他死在旅店，被日本人知道了，会封闭旅店起码一个月。黄秋耘雇了一辆人力车拉上高士其，跑了一家又一家旅店，甚至提出愿意出两倍三倍房费都无人敢接纳入住。

没有办法，两人决定去医院碰碰运气。在博济医院门诊部，黄秋耘正在想如何找人求情时，一位女医生忽然叫住他，用英语悄声问："这不是高博士吗？"原来，这位女医生在美国学习时认识高士其，并对高士其献身科学的感人事迹十分钦佩。黄秋耘对女医生简单讲了高士其的困境。女医生当即为他们出具了"确有住院必要"的证明，两人总算有了落脚的地点。

过了两三天，黄秋耘打听好了通过封锁线的路线，找了几个同行的青年学生，把高士其接出医院。从日军占领的广州到国民党军控制下的清远，要通过一段长约2公里的"无人地带"，经常有土匪出没，黄秋耘和几个小伙子轮流背着高士其往前跑，幸运的是那天并没有遇到土匪，一行人安全到达清远，然后转往大后方。

邹韬奋夫妇、胡绳夫妇和黎澍等少数人因为身份较暴露，或因国民党指名通缉等原因，不得不在游击区逗留了较长的时间。邹韬奋原打算去桂林，但国民党严密侦察他的行踪，指令"一经发现，就地惩办"。为安全起见，中共地下党组织先派人把他的夫人和孩子送到桂林郊区隐居下来，然后将邹韬奋辗转送到梅州一个偏僻的山村——江头村，隐蔽在爱国侨商陈炳传家中。

陈炳传又名陈启昌，其父陈卓民是大革命时期的老共产党员，曾参加彭湃领导的农民运动。农民运动失败后，陈卓民母亲被杀，全家被迫逃往南洋谋生。抗日战争爆发后，陈炳传爱国心切，回到香港，在廖承志的安排下，开办"侨兴行"，以经理的身份掩护从事秘密交通联络工作。这次领受任务后，陈炳传亲自到老隆去接邹韬奋。邹韬奋既紧张又兴奋地对陈炳传打趣说："我们现在倒像《水浒传》的好汉上梁山的情景。我一想到上梁山，便联想到那位'柴大官人'。今天我就是到贵庄奉扰大官人了！"说着哈哈大笑起来。

邹韬奋化名李尚清住进陈家，对外身份是"侨兴行"股东。为了安全，连贯让妻子韩雪明和女儿连结也到陈家住下掩护邹韬奋。郑展则假称是连结的"表哥"，负责照顾他们的生活。

直到1942年9月，国民党无法查到邹韬奋的行踪，于是加强对兴宁、梅州一带的侦察，扬言务必把邹韬奋缉捕归案。党组织安排人专门护送邹韬奋立即转移，经周密准备，从韶关乘火车到湖南，经汉口、上海，于10月安全到达苏北解放区。

（三）营救国际友人

1942年1月，刘少文接到延安中央社会部电报，称共产国际的一名秘鲁籍情报人员在香港下落不明，要求抓紧寻找，并给予营救。此人在香港一家英文报社当过总编辑，会讲中文、英语和俄语等语言。

接到命令，刘少文动用各种关系，找了很久也没打听到这位秘鲁情报人员的一丝消息。正当刘少文一筹莫展的时候，中共香港市委内线人员传来一张纸条："玛丽医院扣押了很多外国人，那个秘鲁人就在其中。"

刘少文接到纸条一阵惊喜，又马上犯起愁来。玛丽医院是英国皇家医院，技术实力雄厚，在香港名气很大，一些国际友人认为这里是人道主义医疗机构，日军应该不会轻易在此抢掠杀人。然而日军早就侦察到里面可能藏有重要人物，所以在医院四周设置岗哨，所有人员出入都必须有通行证，工作人员必须佩戴特别臂章。如此严格的管理，要把一个连见都没见过的国际友人救出来，除非长了翅膀。

"派谁去救，怎么救？"正当刘少文琢磨人选的时候，潘柱和陈文汉赶来了。

刘少文又惊又喜，抓住潘柱的手晃了晃："哎呀，小潘，这么多天不见，我以为你'光荣'了呢？"

潘柱笑着说："近来日军搜捕很厉害，几次差点'光荣'，但咱们的任务还没完成，咋能'光荣'呢？"

刘少文嘘了一口气说："又有更艰巨的任务了。"

潘柱一听又有任务，马上精神抖擞地问道："什么任务？"

没等刘少文把延安来电说完，潘柱接茬说："这个人去年八九月份来过八办，一米八左右的大个子，高鼻子，蓝眼睛，略带卷曲的黑发。"

刘少文兴奋地说："太好了，我正发愁谁认识他呢。你好好考虑一下，用什么办法营救，要什么人参加，先拿个方案。"

潘柱坚定地说："请领导放心，小潘保证完成任务，决不辜负组织的信任。"

领受任务后，潘柱马上到长洲岛找到陈亮明商量办法。如何找到这个高鼻子、蓝眼睛的秘鲁人，取得他的信任，并把他从戒备森严的医院救出来，两个人绞尽脑汁，终于想出一条暗度陈仓的妙计：潜入医院，先接上头，然后来个"装死出殡"，说患了传染性很强的疾病，运出医院。

经过一番准备，次日清晨，潘柱和陈亮明带着4名地下党员，乘坐自卫队的快艇从长洲岛来到香港岛，其中一个女的化装成丧妇，披麻戴孝，准备哭丧。潘柱和陈亮明则进入医院，找到秘鲁人，把他伪装成死者。为了显示其是强传染病致死，两人还准备了口罩、手套等防护用品。其他人在船上准备接应。

三人下船，迅速从海边爬上位于半山腰的医院，可医院四周都有日军把守，真是插翅都难飞进去。三人正一筹莫展，一名男子走出医院，肩上的臂章显示是一名医生，像是下班回家的样子。潘柱连忙凑上去，恭敬地说："老兄，能不能帮个忙？"

那人瞥了他一眼："啥事？"

潘柱说："我有个病人在里面，想去看看，但进不去，能借你的臂章用一下吗？边说边递上去五块钱。"

那人问："用多长时间？"

"一个小时左右，进去看看说几句话，就出来。"潘柱说。

"好吧，我在这个店子吃饭，等着你们。"那人犹豫了一下，还是答应了。

潘柱戴上臂章进了医院，花了半个小时，终于找到了秘鲁朋友。但秘鲁朋友考虑到风险太大，又怕连累潘柱等人，坚决不同意。一行人无功而返，只能另想办法。

一连几天，潘柱都茶饭不思，反复思索营救方案。游击队强攻肯定不行，不强攻则连进医院都不容易，更不要说把一个身高1.8米，高鼻子、蓝眼睛的人弄出来。一天，潘柱正在医院附近查看地形，突然看到一股浊流从医院围墙下流了出来，汇入到海湾。走近细看，是一条用石头和水泥砌成的，高约1米、宽约半米的黑漆漆的下水道。

"有了，如果通过这条下水道进入医院，就能把人救出来。"想到这里，潘柱马上就去找陈亮明，可日军已封锁了从香港岛往长洲岛的水域。于是潘柱前往九龙找到港九游击队短枪队队长江水，江水表示赞同，并立即派两名精干的游击队员随潘柱行动。

潘柱租了一条快艇，趁夜幕来到医院附近，留一名游击队员小赵和船主在船上等候，和另一名游击队员小林带着手枪、手电筒和一个装有干净衣服的小背包，从海边下水道出口爬了进去。

下水道臭气熏天，两位不速之客的到来，引得老鼠和各种奇形怪状的虫子摇晃着肥胖的身躯成群结队四处逃窜。

两人在臭水中半爬半走，忽然看到手电筒的光影下有一条2米多长、碗口粗的大蛇正盘曲冬眠。

　　"蛇！"走在前面的潘柱倒吸一口凉气，不禁停下脚步。

　　小林也大吃一惊，继而冷静下来。他一把拽住潘柱，小声说："潘同志，别怕，我从前抓过蛇！"

　　潘柱还想争辩……小林说："你还有更重要的任务，再说，对付蛇我比你有经验，这是一条蟒蛇，别看它大，但没有毒，而且它正冬眠，不会有事。"他边说边从潘柱身边挤到前面。

　　两人小心翼翼一步步接近大蟒蛇。水道太窄了，最后还是把蛇惊醒了，它仰起头，想看看到底是谁惊醒了自己的美梦。说时迟那时快，小林双手一把抓住蛇的七寸，一只手把它摁在地上，另一只手从腰间拔出手枪，照着蛇头猛砸。蛇拼命反抗，扭动蛇身缠他，潘柱忙用力拉住蛇尾。不久，蛇渐渐软在地上，小林还不放心，又用手枪使劲砸了几下，看蛇没有任何动静才松开手，长出一口气。

　　潘柱赞叹道："你真利索，要是我在前面，还真不知道会怎么样呢。"

　　小林喘息着说："冬天蛇反应慢，要是夏天，这么窄的地方，我们就麻烦了。"

　　两人继续往前，终于在医院饭堂旁边，爬出了下水道。

两人赶紧用自来水简单清洗一下，换上干净的衣服，直奔上次秘鲁朋友的住处。

秘鲁朋友吃惊地看着又站在自己面前的潘柱，当他听说下水道可以逃出时，他问潘柱："还有几位难友，都是有正义感的和平人士，能否一起带走？"潘柱爽快答应。

于是，秘鲁朋友赶紧通知几个国际友人，他们简单收拾一下，来到下水道口，潘柱先下，大家一个接一个进入下水道，小林断后。因返程下坡，又有了前一趟的经验，一行人很快到达海边，坐快艇到了海上交通站。

刘少文听说不仅救出了自己的朋友，还有一些国际友人，非常兴奋，马上派专船专人从海上将他们送至海丰，然后转到重庆。秘鲁朋友到了重庆后，中共中央南方局书记周恩来亲切接见了他。

在这次大营救中，香港地下党组织和广东人民抗日游击队密切配合，采取各种不同办法，从日军香港集中营秘密营救出的英国人42名、印度人54名、丹麦人3名、挪威人2名、俄罗斯人和菲律宾人各1名，为中国共产党赢得良好的国际声誉。

除此之外，这次大营救还救出了国民党军第七战区司令长官余汉谋的夫人上官贤德，南京市市长马超俊夫人姐妹，刘璟和、吴铁城等的夫人等，还有国民党驻香港代表、海军少将陈策等。

至1942年6月底，大部分文化人士和民主人士都脱离危险，安全转移到大后方。在香港的著名文化人全部脱险后，坐镇香港领导营救工作的刘少文扮作富商，从日军眼皮底下从容离开香港回到内地，之后担任了中共中央南方局组织部负责人。潘柱和"香港八办"的其他一些工作人员，以及中共粤南省委书记梁广、中共港九地下组织和东江游击队，继续进行着其他抗日爱国活动。

这场规模宏大的营救工作自始至终是在中共中央南方局书记周恩来的亲自指挥下进行的。它的成功，是中国共产党创造的历史奇迹。

广东地下党组织也为此付出了沉重的代价。1942年4月底，国民党驻惠州第一八七师张光琼部奉命向广东人民抗日游击队宝安大队发起进攻。宝安大队第三中队大部分为香港回内地参加抗日战争的学生，他们为大营救做了大量工作，在顽军的进攻下，第三中队基本全军覆没。

同年5月，中共南委组织部部长郭潜被捕后叛变，南委和粤北省委机关遭到严重破坏。周恩来了解情况后，急电方方和廖承志，指出"招待柳亚子、邹韬奋等事情，即移交小廖指定专人负责，南委绝对不能再负责，以免暴露"，并指示立即切断一切与上层的公开关系。连贯、乔冠华迅速离开，幸免于难。廖承志与中共粤北省委书记李大林、省委组织部部长饶卫华被捕。6月，中共南委副书记张文彬被捕。南委和粤北省委下属组织及各地交通线、联络站均遭受不同程度的破坏。廖承志一直被国民党非法囚禁至抗日战争胜利，才在全国各界人士强烈要求下获得释放。张文彬则在监狱中受尽折磨，于1944年8月26日壮烈牺牲。

四 护送民主人士和文化人士北上解放区

（一）1948年的"五一"号召

随着解放战争的迅速发展，为适应新形势的需要，1948年5月1日，中共中央向各民主党派、各人民团体及社会贤达发出号召：召开新的政治协商会议，讨论并实现召集人民代表大会，成立民主联合政府等事宜。"五一"号召立即得到各民主党派、各人民团体、无党派民主人士、文化人士、各民族进步人士及广大海外华侨的积极响应。

5月5日，在香港的各民主党派领导人李济深、何香凝、沈钧儒、章伯钧、马叙伦、王绍鏊、陈其尤、彭泽民、李章达、蔡廷锴、谭平山，以及无党派民主文化人士郭沫若等，联名发表通电，热烈响应中共中央的号召，并诚挚希望国内外各界暨海外同胞"共同策进，完成大业"。

8月1日，毛泽东对各民主党派赞同并热心促进召开新的政治协商会议表示钦佩，同时提出："关于召集此项会议的时机、地点、何人召集、参加会议者的范围及会议讨论的问题等项，希望诸先生及全国各界人士共同商讨。"

为筹备新政协、共商建国大计，中共中央邀请民主人士和文化人士北上解放区的工作。从1948年8月起将近一年的时间内，地下党组织分批次由北线和南线两路，护送远在香港和国统区的民主人士和文化人士，踏上前往解放区的征程，前后持续了将近一年时间。

北线主要是护送从香港、上海经山东解放区，或从北平（北京）、天津出发经石家庄，到达河北省平山县李家庄。南线是把汇集在香港的民主人士和文化人士直接从海上护送至东北解放区。

1948年秋，地下党组织开始组织北平民主、文化人士到

1948年，知名民主人士在香港留影（左起：郭沫若、谭平山、蔡廷锴、沈钧儒、何香凝、马叙伦）

李家庄。从平、津、沪等地前往解放区，路途虽没有香港那么遥远，但因为要经过国统区，冒的风险并不小。为确保护送工作的顺利成功进行，地下党组织做了周密细致的安排。

至1949年1月中旬，从北平、上海陆续到达李家庄的民主文化人士有：符定一、吴晗、刘清扬、周建人、韩兆鹗、翦伯赞、楚图南、田汉、胡愈之、费孝通、张东荪、雷洁琼、严景耀、沈兹九、王蕴和、严信民、杨刚、袁震、张曼筠、安娥、周颖等。费孝通、张东荪、雷洁琼和严景耀夫妇在北平地下党的安排下，在8名解放军战士的护送下，从北平西郊乘大卡车出发到达西柏坡。

（二）分四批从香港北上

护送民主文化人士从香港到东北解放区人数最多，也最艰巨，这条路线共分四批次，中共中央东北局、华南分局和香港工委为了确保护送工作安全保密，做了大量工作。东北局还专门在丹东、大连组织人员，组织接待安排，并护送至哈尔滨。

1948年9月12日晚，在香港的沈钧儒、谭平山等十几人，由地下党组织安排，登上苏联"波尔塔瓦"号轮船，拉开了从香港护送民主文化人士北上的序幕。13日"波尔塔瓦"号轮船正式离港起航，经台湾海峡北上。据钱之光回忆：船在经过台湾海峡时遇到了强台风，失去了控制，被冲到澎湖列岛附近，经过全体船员的努力，才摆脱了触礁的危险。

中共中央对首批前往东北解放区的民主文化人士高度重视，周恩来于9月18日专程致电中共中央东北局：第一批来东北解放区的民主文化人士近日内抵朝鲜罗津，请张闻天、高崇民、朱学范分别代表东北局、东北行政委员会、全国总

1948年，抵达东北解放区的民主人士受到中国共产党和各界人士的欢迎

工会前往迎接。9月27日，"波尔塔瓦"号轮船经过艰苦航行，到达朝鲜的罗津港。东北局根据实际情况，并报中央同意后，改派离罗津较近的李富春、朱理治前往迎接。

首批北上的民主文化人士在罗津登岸后稍事休息，9月29日乘火车抵达哈尔滨，受到中共中央东北局负责人高岗、李富春、蔡畅、李立三等人的欢迎。10月3日，毛泽东、朱德、周恩来联名致电沈钧儒、谭平山一行，对他们的安全抵达东北解放区表示热烈欢迎和亲切慰问。

第二批民主文化人士原定于10月中旬从香港出发北上。不料，所租苏联轮船与一艘货轮相撞损坏严重，修理需要一段时日，地下党组织只得紧急另租一艘叫做"华中"号的挪威货轮。10月底，第二批民主文化人士乘坐悬挂有挪威国旗的"华中"号轮船离港北上。其中主要有郭沫若、马叙伦、许广平（携子周海婴）、沙千里、陈其尤、曹孟君、宦乡、冯裕芳、韩练成等，由连贯、胡绳陪同北上。11月中旬，货船到达大连、丹东之间的大东沟，此时沈阳已经解放，于是一行人乘小船上岸，乘火车经丹东，于12月6日到达沈阳。

第三批北上的民主文化人士最多，主要有李济深、茅盾夫妇、章乃器、彭泽民、朱蕴山、邓初民、洪深、梅龚彬、

吴茂荪、施复亮、孙起孟、李民欣等。周恩来亲自给大连的
冯铉、刘昂发来电报：这批民主文化人士北上，要与苏联驻
大连有关部门交涉，租用他们的轮船，而且这次一定要在大
连港靠岸。到达后，安排在大连最好的旅馆，民主党派领导
人要住单间，确保安全；要举行欢迎宴会，并请大连市委协
助做好接待工作。还特地嘱咐：北方天气寒冷，要为他们准
备好皮大衣、皮帽子、皮靴等。

随后，周恩来特意电示叮嘱：前面已经走了两批人员，
很可能引起外界注意，这次行动要更加谨慎。并提出了"保
密、谨慎、周到、安全"的八字原则。果然，国民党特务发
现不少民主文化人士不再露面，立即加强监控，气氛陡然紧
张起来。香港方面则更加关注华润公司［创立于1938年，前
身是中共为抗日战争在香港建立的地下交通站，1948年改
组更名为华润公司。1983年，改组成立华润（集团）有限公
司］，港英警方政治部的负责人以谈业务为名前往华润公司
调查情况。

为了安全起见，中共地下组织决定把护送第三批民主文
化人士离港的时间定在12月26日，这是圣诞节的后一天，正
值香港放假狂欢之机。要离港的民主文化人士先各自离家，
或去亲友处，或去旅馆开个房间，以避开国民党特务的跟

踪，然后分别由交通员护送登上苏联"阿尔丹"号轮船。

李济深是各方瞩目的人物，在国民党军事失败已成定局的情况下，成为港英当局、美国方面和国民党特务争取的对象。白崇禧让一位国民党大员携亲笔信赴港请李济深回武汉"共商大计"，一些人想利用李济深的声望和影响谋划"划江而治"，还有一些人劝李济深不千万能去解放区，否则到那里就身不由己了。

环境错综复杂暗潮涌动，李济深要想离开香港安全到达赴解放区可谓困难重重。为此，何香凝在一次聚会后对李济深说："任公，你还是早走的好，一则是形势的需要，二则为了任公你自身的安全。"地下党组织为了解除李济深的后顾之忧，妥善安排其家属，然后组织民革中与他亲近的人一同北上。

为了不引起外界的注意，李济深由何香凝等作陪，出席了一个午宴，宴毕与朱蕴山等带着酒肴，坐上由中共地下交通员掌舵的游艇，装作出海游览，入夜后神不知鬼不觉地登上"阿尔丹"号轮船，次日凌晨安全出港。夏衍后来回忆说，当时他们在一家旅馆里，紧张地守在电话机旁，电话铃响了，传来"船开了，货放在大副房间里，英姑娘没有来送行"的消息，大家才相视一笑松了一口气。直到1949年1

月1日，有记者去采访李济深，想让他就蒋介石发表《元旦文告》发表看法时，才发现已是人去楼空踪迹全无。"阿尔丹"号中途坏了一个引擎，经过10多个昼夜的艰难航行，于1月7日安全抵达大连。

李济深等登岸后，被安排在大连最高级的大和饭店，受到中共中央派出的以李富春、张闻天等为首的代表团的热烈欢迎。周恩来特意安排送来皮帽、皮靴、貉绒大衣等御寒用品。李济深等颇为感动，连声称道："恩来先生想得真周到，吃、穿、住、行都给我们安排好了，名副其实雪中送炭！"1月10日，李济深等到达沈阳，与沈钧儒、马叙伦等会合，开展新政协的筹备工作。

第三批民主文化人士成功北上解放区后，香港气氛顿时紧张起来，港英当局加强了对进出香港的海陆交通管控，国民党特务更是跟踪、恐吓等手段无所不用其极。在这样艰苦的条件下，直到1949年3月14日，第四批民主文化人士，包括黄炎培夫妇、盛丕华及其子盛康年、姚维钧、俞寰澄等才得以离港北上。此时，天津已经解放，一行人便于天津靠船上岸，3月25日乘火车到达北平，董必武、李维汉、齐燕铭等人前往车站迎接。

（三）百川归大海

除以上主要四批外，经香港北上的民主文化人士还有很多。其中规模和影响较大的有：叶圣陶、马寅初、郑振铎、陈叔通、王芸生、沈体兰、傅彬然、刘尊棋、张志让、包达三、宋云彬、徐铸成、赵超构、吴全衡、柳亚子夫妇、曹禺夫妇等共27人，于1949年2月28日从香港出发，乘坐挂有葡萄牙国旗的"华中"号轮船北上，3月5日到达山东烟台，3月18日到达北平。

1949年3月20日，李达、王亚南、严济慈、臧克家、郭大力、黄鼎臣、史东山、白杨、姜椿芳、舒绣文、张瑞芳、于立群、林砺儒、沈其震、朱智贤、张文元、傅天仇、陈迩冬、薛迪畅、冯乃超、狄超白、周而复、阳翰笙、黄药眠、胡一声、曾昭抡夫妇以及有进步倾向的香港达德学院部分师生和华侨离港北上，乘坐"宝通"号外轮于当月27日到达天津，随后转赴北平。

此外，规模较小的还有：1948年9月，王绍鏊、方与严、力扬等北上；1948年12月，千家驹、李章达、陈邵先、陈此生、陈其瑗、夏康达、林植夫、卢于道等北上；1949年2月，吴耀宗、谢雪红、李纯青、吴羹梅、杨美真等北上；

1949年3月，何香凝及廖梦醒母女、萨空了、金仲华、欧阳予倩、马思聪等北上。

除上述线路外，朱学范、张澜、宋庆龄，以及华侨代表陈嘉庚、司徒美堂等部分民主文化人士则通过其他路线到达解放区。1947年底，朱学范从香港到法国巴黎和瑞士日内瓦分别参加世界工联执行局会议和国际劳工组织理事会。解放区工会代表刘宁一在参加会议期间，向朱学范转达了中共中央希望其去解放区的邀请。1948年2月28日，朱学范在刘宁一的陪同下，经布拉格、莫斯科到达哈尔滨，是较早进入解放区的民主文化人士之一。

1949年5月初，张澜在上海突然遭到国民党特务拘禁，5月底上海解放，张澜被中共地下工作人员营救才幸免于难，并于6月24日和史良、郭春涛、王葆真等一起由上海抵达北平。

中国共产党邀请并护送数百位社会知名的民主文化人士北上解放区，在社会上形成巨大的政治影响，它显示了中国共产党人海纳百川的政治情怀。它不仅使此后产生的民主联合政府获得全中国最大多数人民的支持和拥护，而且坚定了知识分子对中国共产党的信任与信心，争取了他们在新中国成立后留在内地，并担任文艺界、学术界等重要职务，从而使新中国文学艺术迅速繁荣起来。

主要参考文献

1. 何小林、郭际：《胜利大营救》，解放军出版社1999年版。

2. 李佑军：《神秘脱险》，解放军出版社2005年版。

3. 王俊彦：《廖承志传》，人民出版社2006年版。

4. 会林等：《夏衍研究资料》，中国戏剧出版社1983年版。

5. 穆欣：《邹韬奋》，生活·读书·新知三联书店（香港）店1959年版。

6. 广东省档案馆：《东江纵队史料》，广东人民出版社1984年版。

7. 何蜀：《香港大营救》，《红岩春秋》1997年第1—3期。

8. 刘小梅、梁贤之：《中共实施香港大营救内幕》，《湘潮》2008年第11期。

9. 黄磊：《1942中共香港大营救》，《炎黄春秋》2017年第11期。

10. 王春山：《"省港秘密大营救"的历史传奇》，《文史春秋》2016年第10期。

11．袁建华：《香港："虎口"营救，步步惊心》，《同舟共进》2015年第9期。

12．吕传彬：《香港沦陷前后中共秘密营救驻港进步人士始末》，《春秋》2013年第11期。

13．傅荼生：《连贯与秘密大营救》，《红广角》2014年第5期。

14．朱光进：《"香港文化名人"老隆大营救始末》，《红广角》2010年第11期。

15．骆发林：《探究香港文化名人大营救的重要中转站——广东龙川》，《党史博采（下）》2019年第5期。

16．钱之光：《接送民主人士参加新政协》，《春秋》1997年第1—3期。

17．张津凤：《"五一口号"与协商民主》，《天津市社会主义学院学报》2018年第2期。

18．莫晓：《天下归心："五一口号"背后的协商建国密码》，《文史博览》2018年第5期。

19．孟红：《中共秘密护送在港民主人士北上记》，《党史文苑》2020年第4期。

20．陆茂青：《特殊使命——接送香港民主人士北上》，

《党史纵横》1999年第10期。

21. 卢荻：《李济深秘密北上参加新政协》，《百年潮》2003年第1期。